DUDEN
Abiturhilfen

Analysis III

DUDEN Abiturhilfen

MATHEMATIK

Analysis I
(11. Schuljahr)

Analysis II
(11. und 12. Schuljahr)

Analysis III
(ab 12. Schuljahr)

Stochastik I
Leistungskurs
(12./13. Schuljahr)

Stochastik II
Leistungskurs
(12./13. Schuljahr)

Lineare Algebra und analytische Geometrie I
Leistungskurs
(12./13. Schuljahr)

Lineare Algebra und analytische Geometrie II
Leistungskurs
(12./13. Schuljahr)

Lineare Algebra und analytische Geometrie
Grundkurs
(12./13. Schuljahr)

PHYSIK

Basiswissen Mathematik zur Physik
(11.–13. Schuljahr)

Mechanik I Bewegungslehre
(11. Schuljahr)

Mechanik II Erhaltungssätze
(11. Schuljahr)

Elektrizitätslehre I Felder
(12./13. Schuljahr)

GESCHICHTE

Geschichte I
(12./13. Schuljahr)

Geschichte II
(12./13. Schuljahr)

DEUTSCH

Der deutsche Aufsatz
(12./13. Schuljahr)

CHEMIE

Grundlagen der organischen Chemie
(12./13. Schuljahr)

Grundlagen der allgemeinen Chemie
(12./13. Schuljahr)

Kunststoffe, Farbstoffe, Waschmittel
(12./13. Schuljahr)

BIOLOGIE

Genetik
(12./13. Schuljahr)

Nervensystem und Sinnesorgane
(12./13. Schuljahr)

Stoffwechsel und Energieumsatz
(12./13. Schuljahr)

Zellbiologie
(12./13. Schuljahr)

ERDKUNDE

USA – UdSSR
(12./13. Schuljahr)

Entwicklungsländer
(12./13. Schuljahr)

Geozonen und Landschaftsökologie
(12./13. Schuljahr

KUNST

Kunstgeschichte I
(12./13. Schuljahr)

Kunstgeschichte II
(12./13. Schuljahr)

Die künstlerische Praxis
(12./13. Schuljahr)

Weitere Bände sind in Vorbereitung

DUDEN Abiturhilfen

Analysis III

Integralrechnung
(ab 12. Schuljahr)

Ingrid Knoche,
Prof. Dr. Norbert Knoche,
Marion und Bernd Krallmann

Graphische Darstellungen
von Dieter Kneifel

DUDENVERLAG
Mannheim · Leipzig · Wien · Zürich

CIP-Titelaufnahme der Deutschen Bibliothek
Duden-Abiturhilfen
Mannheim; Wien; Zürich: Dudenverl.
Analysis / Norbert Knoche
3. Integralrechnung: ab 12. Schuljahr. - 1989
ISBN 3-411-02623-5

Druck: Druckhaus Langenscheidt KG, Berlin
Bindearbeit: Schöneberger Buchbinderei, Berlin
Gedruckt auf Eural Super Recyclingpapier matt gestrichen
der Papeterie Bourray, Frankreich.
Printed in Germany
ISBN 3-411-02623-5

Vorwort

Die „Duden-Abiturhilfen" setzen die Reihe „Duden-Schülerhilfen" im Bereich der Sekundarstufe II fort.
Die Bände zur Analysis umfassen den gesamten Stoff des Grundkurses und des Leistungskurses Analysis einschließlich des sog. Vorkurses.
In der Regel beginnen die einzelnen Kapitel jeweils mit der Wiederholung der grundlegenden Begriffe und den wichtigsten Aussagen und Regeln zur Anwendung dieser Begriffe.
Die Behandlung des Stoffes wird von einer Vielzahl bis ins Detail vorgerechneter Beispiele und Aufgaben, zu denen ausführliche Lösungen im Anhang angegeben werden, begleitet.
Die Bände sind so geschrieben, daß sie unabhängig vom einzelnen im Unterricht verwendeten Lehrbuch benutzt werden können. Betrachtet man verschiedene Lehrbücher nebeneinander, so erkennt man, daß in ihnen der gleiche Stoff z.T. unterschiedlich behandelt wird. Sie unterscheiden sich natürlich nicht in den mathematischen Sätzen (die Produktregel der Differentiation z.B. finden Sie in jedem Buch). Wodurch sie sich unterscheiden sind die Formulierungen in den Definitionen jeweils behandelter Begriffe. Wir haben diese unterschiedlichen Formulierungen aufgenommen und zeigen auch, wie man von der einen zur anderen kommt. Auf der anderen Seite haben wir uns bemüht, soweit wie möglich auf die einzelnen Schulbücher zurückzugreifen.
Die einzelnen Kapitel sind in dem Sinne unabhängig voneinander geschrieben, daß man, um ein bestimmtes Kapitel lesen zu können, nicht erst alle voraufgegangenen Kapitel lesen muß. Die Bände können daher auch als Nachschlagewerk zur schnellen Information dienen.
Wir geben Ihnen im folgenden einen Überblick über den Inhalt der Duden-Abiturhilfen „Analysis":

***Band III** hat das Thema „Integralrechnung" als Schwerpunkt. Zuvor werden im 1. Kapitel aber noch Anwendungen der Differentialrechnung (z.B. Extremwertaufgaben) behandelt. Das 2. und 3. Kapitel ist der Integralrechnung und deren Anwendungen (z.B. Flächenberechnungen, Berechnung der Bögenlänge) gewidmet. Und schließlich werden im letzten Kapitel ausführlich einige Aufgaben behandelt, wie sie ähnlich jedes Jahr im Abitur gestellt werden.*

***Band I** umfaßt den Vorkurs „Analysis" einschließlich der Themen „Vollständige Induktion", „Zahlenfolgen", „Reelle Funktionen".*

***Band II** hat die Themen „Funktionsgrenzwert, Stetigkeit" und „Differenzierbarkeit" zum Inhalt. Es werden die Kapitel „Einfache Eigenschaften von Funktionen", „Grenzwerte von Funktionen und Stetigkeit", „Differenzierbarkeit" und „Kurvendiskussionen" behandelt.*

Die Verfasser

Inhaltsverzeichnis

1. Kapitel: Anwendungen der Differentialrechnung

Aus Ihrem Schulunterricht sind Ihnen verschiedene Aufgabentypen als Anwendung der Differentialrechnung bekannt, nämlich die Behandlung von Kurvendiskussionen (siehe Band II), von Funktionenscharen, von Parameter- und von Extremwertaufgaben. Die letzten drei Aufgabentypen werden in diesem Kapitel wiederholt. Wir beginnen mit den Funktionenscharen.

1.1 Funktionenscharen

Durch den Term $f_a(x)$: $x \to f_a(x) = x^2 \cdot \sqrt{2x+a}$, $a > 0$, $a \in \mathbb{R}$ ist eine Menge von Funktionen definiert:

$$\text{für } a=1 \text{ die Funktion } f_1(x) = x^2 \cdot \sqrt{2x+1};$$
$$\text{für } a=2 \text{ die Funktion } f_2(x) = x^2 \cdot \sqrt{2x+2};$$
$$\text{für } a=5 \text{ die Funktion } f_5(x) = x^2 \cdot \sqrt{2x+5}.$$

Man bezeichnet dann $\{f_a(x)\}$ als eine vom **Parameter a abhängige Funktionenschar**.
Aus dem in den beiden voraufgegangenen Bänden „Abiturhilfen Analysis" wiederholten Stoff sind Ihnen schon Funktionenscharen mit zwei oder mehr Parametern bekannt:
$\{f_{m,b}(x) = mx + b;\ m, b \in \mathbb{R}\}$, als die Menge der linearen Funktionen mit den beiden Parametern m und b oder

$$\{f_{a_0, a_1, \ldots, a_n}(x) = a_n x^n + a_{n-1} x^{n-1} + \ldots + a_1 x + a_0;\ a_i \in \mathbb{R}\}$$

als die Menge der ganzrationalen Funktionen mit den $n+1$ Parametern $a_0, \ldots, a_n$.
Die Betrachtung der Funktionenscharen hat gegenüber der Untersuchung einzelner Funktionen den Vorteil, daß sich bestimmte Aussagen über Klassen von Funktionen machen lassen:
z.B.: „Alle Funktionen der Form $f_{m,b}(x) = mx + b$ mit $m < 0$ sind streng monoton fallend" oder: „Alle ganzrationalen Funktionen haben als Definitionsbereich die Menge aller reellen Zahlen".
Konkret zeichnen läßt sich der Graph dann aber nur für feste Parameter, also die Funktion $f_a(x)$ dann für $a = 1$ oder $a = 2$, usw.

Beispiel 1: Es soll die Funktionenschar $\{f_a(x)\}$, $f_a(x) = x^2 \cdot \sqrt{2x+a}$, $a > 0$ auf (1) Definitionsbereich, (2) Schnittpunkte mit den Koordinatenachsen, (3) Extremstellen und (4) Wendestellen untersucht werden.

Lösung:

(1) $2x + a \geq 0 \Leftrightarrow x \geq -0{,}5a \Rightarrow \mathbb{D}_f = \mathbb{R}^{\geq -0{,}5a}$
d.h.: $\mathbb{D}_{f_1} = \mathbb{R}^{\geq -0{,}5}$; $\mathbb{D}_{f_2} = \mathbb{R}^{\geq -1}$; $\mathbb{D}_{f_5} = \mathbb{R}^{\geq -2{,}5}$.

(2) (a) Für alle $a \in \mathbb{R}^+$ gilt: $f_a(0)=0$, d.h. alle Graphen gehen unabhängig von der Wahl des Parameters a durch den Punkt (0/0).

(b) $f_a(x)=0 \Leftrightarrow x^2 \cdot \sqrt{2x+a}=0 \Leftrightarrow x=0 \vee 2x+a=0$
$\Leftrightarrow x=0 \vee x=-0{,}5a.$

Jeder Graph von f_a hat also einen von a unabhängigen Schnittpunkt mit der x-Achse und einen von a abhängigen Schnittpunkt mit der x-Achse.

(3) $f_a'(x)=2x\cdot\sqrt{2x+a}+\frac{1}{2}\cdot 2\cdot\frac{1}{\sqrt{2x+a}}\cdot x^2=\frac{5x^2+2ax}{\sqrt{2x+a}}.$

Hier gilt: $\mathbb{D}_{f_a'} \neq \mathbb{D}_{f_a}$ und zwar $\mathbb{D}_{f_a'}=\mathbb{D}_{f_a}\setminus\{-0{,}5a\}$.

$f_a''(x)=\frac{15x^2+12ax+2a^2}{(2x+a)\cdot\sqrt{2x+a}}$ mit $\mathbb{D}_{f_a''}=\mathbb{D}_{f_a'}$.

(a) $f_a'(x)=0 \Leftrightarrow 5x^2+2ax=0 \Leftrightarrow x=0 \vee x=-\frac{2}{5}a.$

(b) $f_a''(0)=\frac{2a^2}{a\cdot\sqrt{a}}=2\cdot\sqrt{a}>0;\ f_a''\left(-\frac{2}{5}a\right)=-2\cdot\sqrt{a}\cdot\sqrt{5}<0.$

An der Stelle $x=0$ liegt somit ein Tiefpunkt mit den Koordinaten (0/0) und an der Stelle $x=-\frac{2}{5}a$ ein Hochpunkt mit den Koordinaten $\left(-\frac{2}{5}a\middle/\frac{4}{25}a^2\cdot\sqrt{\frac{a}{5}}\right)$.

(4) $f_a''(x)=\frac{15x^2+12ax+2a^2}{(2x+a)\sqrt{2x+a}}$; $f_a'''(x)=\frac{3\cdot(5x^2+6ax+2a^2)}{(2x+a)^2\cdot\sqrt{2x+a}}$ mit $\mathbb{D}_{f_a'''}=\mathbb{D}_{f_a'}$.

(a) $f_a''(x)=0 \Leftrightarrow 15x^2+12ax+2a^2=0$

$\Leftrightarrow x_1=\left(-\frac{2}{5}+\sqrt{\frac{2}{75}}\right)\cdot a \vee x_2=\left(-\frac{2}{5}-\sqrt{\frac{2}{75}}\right)\cdot a.$

(b) Da $x_2<-0{,}5a$, ist $x_2 \notin \mathbb{D}_{f_a}$, also muß man nur $f_a'''(x_1)$ untersuchen

$f_a'''(x_1)=f_a'''\left(\left(-\frac{2}{5}+\sqrt{\frac{2}{75}}\right)\cdot a\right)\neq 0.$

An der Stelle x_1 liegt also ein Wendepunkt vor.

Die Graphen der Funktionen werden für $a=1$, $a=2$ und $a=5$ gezeichnet. Für die einzelnen berechneten Punkte ergibt sich damit:

a	$\mathbb{D}_{f_a}$	1. Nullstelle	2. Nullstelle	Tiefpunkt	Hochpunkt	Wendepunkt
1	$\mathbb{R}^{\geq -0,5}$	(0/0)	(−0,5/0)	(0/0)	(−0,4/0,07)	(−0,24/0,02)
2	$\mathbb{R}^{\geq -1}$	(0/0)	(−1/0)	(0/0)	(−0,8/0,4)	(−0,47/0,23)
5	$\mathbb{R}^{\geq -2,5}$	(0/0)	(−2,5/0)	(0/0)	(−2/5)	(−1,2/2,27)

Graphen von f_1, f_2 und f_5:

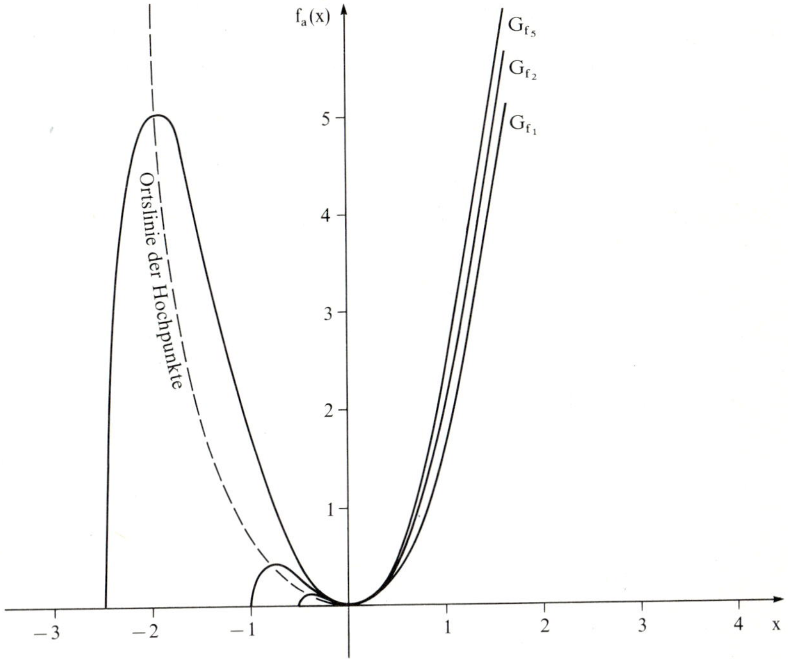

Abbildung 1.1

Wie Sie an diesem Beispiel gesehen haben, unterscheiden sich die Kurvendiskussionen einer Funktion und einer Funktionenschar vom Verfahren her überhaupt nicht, vom rechentechnischen her sind nur die Bedingungen für die Parameter zu beachten.
Weitere Funktionenscharen werden Sie im letzten Kapitel dieses Bandes bei der Lösung zusammenhängender Aufgaben bearbeiten. Zur Übung seien an dieser Stelle noch die folgenden Aufgaben gestellt: Lösen Sie auf jeden Fall jetzt die Aufgaben 2 und 3, da auf diese Aufgaben im nächsten Abschnitt Bezug genommen wird.

Aufgabe 1:

a) Interpretieren Sie geometrisch aus den Graphen der Abbildung 1.1 die Tatsache, daß f'_a für $x = -0{,}5a$ nicht definiert ist. Als mögliche Hilfe können Sie f'_a für ein a zeichnen.

b) Alle Hochpunkte der Kurvenschar $f_a(x)$ liegen auf dem Graphen einer neuen Funktion. Man spricht in diesem Fall von der **Ortslinie** der Hochpunkte (s. Abbildung 1.1). Bestimmen Sie die Funktionsgleichung dieser Ortslinie.

Aufgabe 2: Gegeben ist die Funktionenschar f_a: $x \to f_a(x) = ax^2 - x^3$ mit $x \in \mathbb{R}$, $a \in \mathbb{R}^+$.

a) Berechnen Sie die Schnittpunkte von f_a mit den Koordinatenachsen.

b) Der Graph jeder Funktion f_a hat genau einen Wendepunkt W_a. Bestimmen Sie die Koordinaten von W_a.

c) Untersuchen Sie, ob es ein $a_0 \in \mathbb{R}^+$ gibt, so daß die zugehörige Wendetangente durch den Ursprung des Koordinatensystems geht.

Die folgende Aufgabe 3 ist eine Erweiterung der Aufgabe 2 des Abschlußtests zum Kapitel Kurvendiskussion aus Band II dieser Reihe.

Aufgabe 3: Gegeben ist die Schar $f_k(x)$: $x \to f_k(x) = (e^x - 2k)^2$.

a) Führen Sie für die Funktion $f_k(x)$ eine Kurvendiskussion durch und zeichnen Sie den Graphen für $k = -1$.

b) Für welche k ist $x_0 = 0$ eine Wendestelle von f_k?

c) Welche Funktionen f_k haben eine Umkehrfunktion? Geben Sie – falls vorhanden – diese Funktion an.

1.2 Parameteraufgaben

Im Teil c) der Aufgabe 2 haben Sie eine Bedingung für die Funktion $f_a(x)$ ausgenutzt, um ein bestimmtes a_0 zu berechnen. Es sollte a_0 so errechnet werden, daß die Wendetangente durch den Koordinatenursprung geht, d.h. die Tangente im Wendepunkt mußte zunächst in Abhängigkeit von a bestimmt werden.
Ebenso sollten Sie in der Aufgabe 3b ein bestimmtes k berechnen, nämlich das k, für welches f_k bei $x_0 = 0$ eine Wendestelle hat. Sie haben also aus den Bedingungen an den Graphen den Funktionsterm berechnet. Aufgaben dieses Typs nennt man **Parameteraufgaben**.
Betrachten wir ein weiteres Beispiel:

Beispiel 2: Gesucht ist eine ganzrationale Funktion 4. Grades, die symmetrisch zur f(x)-Achse ist, in P(2/0) die Steigung 2 und in $Q(-1/f(-1))$ einen Wendepunkt hat.

Lösung:

Eine ganzrationale Funktion 4. Grades hat die allgemeine Form:

$$f(x) = ax^4 + bx^3 + cx^2 + dx + e.$$

Die Parameter a, b, c, d und e sind somit aus den angegebenen Bedingungen an den Graphen zu bestimmen.
Da f symmetrisch zur f(x)-Achse ist, folgt, daß in dem Funktionsterm nur gerade Exponenten vorkommen können.
Daraus folgt: $b = d = 0$, damit $f(x) = ax^4 + cx^2 + e$. Die Funktion f geht durch (2/0), d.h. $f(2) = 0$. Als erste Bestimmungsgleichung erhält man:

$$0 = a \cdot 2^4 + c \cdot 2^2 + e. \qquad (1)$$

Da f in (2/f(2)) die Steigung 2 hat, gilt: $f'(2) = 2$.
Allgemein gilt $f'(x) = 4ax^3 + 2cx$.
Benutzt man $f'(2) = 2$, so folgt:

$$2 = 4a \cdot 2^3 + 2c \cdot 2. \qquad (2)$$

Eine Bedingung der Aufgabenstellung wurde noch nicht ausgenutzt, nämlich daß $(-1/f(-1))$ Wendepunkt sein soll. Es gilt nach dem notwendigen Kriterium für Wendepunkte: $f''(-1)=0$.
Allgemein erhält man: $f''(x)=12ax^2+2c$.
Setzt man $f''(-1)=0$ ein, so ergibt sich:

$$0=12a\cdot(-1)^2+2c. \tag{3}$$

Durch das Ausnutzen der angegebenen Bedingungen haben wir ein Gleichungssystem mit 3 Gleichungen und 3 Variablen erhalten:

$$\left| \begin{array}{l} 0=16a+4c+e \\ 2=32a+4c \\ 0=12a+2c \end{array} \right|$$

Löst man dieses Gleichungssystem, so erhält man:

$$a=\frac{1}{4}; \quad c=-\frac{3}{2} \quad \text{und} \quad e=2.$$

Der gesuchte Funktionsterm lautet also:

$$f\colon x\to f(x)=\frac{1}{4}x^4-\frac{3}{2}x^2+2.$$

Ist das tatsächlich richtig?
Betrachten Sie dazu das nachfolgende Beispiel:

<u>*Beispiel 3:*</u>

a) Gesucht ist eine ganzrationale Funktion 4. Grades, deren Graph symmetrisch zur f(x)-Achse verläuft, eine Nullstelle bei $x_0=1$ und einen Tiefpunkt bei (2/2) hat.

b) Hat die Funktion $f(x)=-\frac{2}{9}x^4+\frac{16}{9}x^2-\frac{14}{9}$ die in (a) geforderten Eigenschaften?

Lösung:

a) $f(x)=ax^4+bx^3+cx^2+dx+e$;
f symmetrisch zur f(x)-Achse $\Rightarrow$ $b=d=0$, d.h.:
$f(x)=ax^4+cx^2+e$; $f'(x)=4ax^3+2cx$.

Nullstelle bei $x_0=1$ $\Rightarrow f(1)=0 \Rightarrow a+c+e=0$, (1)
(2/2) liegt auf dem Graphen $\Rightarrow f(2)=2 \Rightarrow 16a+4c+e=2$, (2)
(2/2) Tiefpunkt $\Rightarrow f'(2)=0 \Rightarrow 32a+4c=0$. (3)

Das Gleichungssystem mit den Gleichungen (1), (2) und (3) hat die Lösung: $a=-\frac{2}{9}$; $c=\frac{16}{9}$ und $e=-\frac{14}{9}$.

Die Lösung der Aufgabe a) könnte also die in b) angegebene Funktion sein. Bevor wir dieses Problem endgültig entscheiden, soll der Teil b) der Aufgabe bearbeitet werden.

b) $f'(x) = -\frac{8}{9}x^3 + \frac{32}{9}x$; $f''(x) = -\frac{24}{9}x^2 + \frac{32}{9}$; $f'''(x) = -\frac{16}{3}x$.

Nullstellen liegen bei $x_1 = -\sqrt{7}$; $x_2 = -1$; $x_3 = 1$ und $x_4 = \sqrt{7}$. Hochpunkte liegen in den Punkten (2/2) und (−2/2) und ein Tiefpunkt im Punkt $\left(0 \middle/ -\frac{14}{9}\right)$.

Wendepunkte sind die Punkte $\left(\frac{2}{\sqrt{3}} \middle/ \frac{34}{81}\right)$ und $\left(-\frac{2}{\sqrt{3}} \middle/ \frac{34}{81}\right)$.

Vergleicht man die Ergebnisse der Kurvendiskussion mit der Aufgabenstellung des Beispiels 3a), so stellt man fest, daß die Funktion, die man durch Einsetzen der Lösungen für a, c und e erhält, die Bedingungen aus a) gar nicht erfüllt: f hat keinen Tiefpunkt in (2/2). Die Aufgabe ist also nicht lösbar.
Um die Frage zu beantworten, weshalb es zu solchen „Scheinlösungen" kommen kann, wollen wir uns noch einmal die Bedingungen für die Berechnung von Extremstellen (Sätze 4.5 und 4.8 aus Band II) ins Gedächtnis rufen. Die Ursache für diese „Scheinlösung" ist bei der Bildung der 3. Gleichung $32a + 4c = 0$ zu suchen. Zur Aufstellung dieser Gleichung haben wir nur die notwendige Bedingung für Extremstellen benutzt, nämlich daß $f'(x_E) = 0$ sein muß. Dies gilt aber sowohl für Hoch- wie für Tiefpunkte und auch für Sattelpunkte. Erst eine vollständige Untersuchung der Funktion auf diese drei angegebenen ausgezeichneten Punkte kann die Frage beantworten, ob der Punkt (2/2) ein Hoch-, ein Tief- oder ein Sattelpunkt ist.
So etwas kann immer vorkommen. Man verwendet notwendige Kriterien zur Aufstellung des Gleichungssystems und kann daher auch nicht sicher sein, daß die Lösungsmengenbestimmung des aufgestellten Gleichungssystems zur vollständigen Lösung einer Parameteraufgabe ausreicht; es ist immer noch zusätzlich eine Kurvendiskussion als Probe notwendig.
Führt man die erforderliche Kurvendiskussion für das Beispiel 2 durch, so stellt man fest, daß der angegebene Funktionsterm die Bedingungen der Aufgabe erfüllt.

Bevor Sie einige Aufgaben bearbeiten, werden im folgenden nur die Mathematisierungen des Textes angegeben. In der Aufgabe 4 sollen Sie dann das Beispiel 4 zu Ende führen.

Beispiel 4: Eine ganzrationale Funktion f vom Grade 3 hat mit dem Graphen der Funktion $g: x \to g(x) = \frac{1}{8}x^4 - x$ zwei Nullstellen gemeinsam; f hat in der Nullstelle mit dem positiven x-Wert noch eine Wendestelle, während der Graph von f den Graphen von g in der anderen Nullstelle rechtwinklig schneidet. (Im Band I wurde der Begriff „rechtwinklig schneiden" im Satz 3.3 erläutert: Zwei Geraden schneiden sich rechtwinklig in einem Punkt $(x_0/f(x_0))$, wenn das Produkt ihrer Steigungen −1 ist, also in der Schreibweise der Differentialrechnung gilt: $f'(x_0) \cdot g'(x_0) = -1$.)
Bestimmen Sie den Funktionsterm von f.

Lösung:

1) f ganzrationale Funktion 3. Grades bedeutet:
$f(x) = ax^3 + bx^2 + cx + d$.

2) a) Berechnung der Nullstellen von g:

$$g(x) = 0 \Leftrightarrow \frac{1}{8}x^4 - x = 0 \Leftrightarrow x = 0 \vee x = 2.$$

b) Aus „f hat mit dem Graphen von g zwei Nullstellen gemeinsam" folgt dann: $f(0) = 0$ und $f(2) = 0$.

3) f hat in $x_0 = 2$ eine Wendestelle $\Rightarrow f''(2) = 0$.

4) „Der Graph von f schneidet den Graphen von g in (0/f(0)) rechtwinklig" bedeutet: $f'(0) \cdot g'(0) = -1$.

Aufgabe 4:

a) Stellen Sie zu den in der Lösung von Beispiel 4 erarbeiteten notwendigen Bedingungen an f die zugehörigen Gleichungen auf und bestimmen Sie die Lösungsmenge des entstehenden Gleichungssystems.

b) Überprüfen Sie durch eine Kurvendiskussion, ob die in a) vermutete Funktion f auch tatsächlich eine Lösung der gestellten Aufgabe ist.

Die Bedingungen, die an eine Funktion gestellt werden, können beim Erstellen von Parameteraufgaben nicht willkürlich gewählt werden. So ist z.B. bei einer ganzrationalen Funktion 3. Grades nach Festlegung der Extremstellen die Lage des Wendepunktes bereits eindeutig bestimmt.

Aufgabe 5: Zeigen Sie, daß es keine ganzrationale Funktion 4. Grades gibt mit den folgenden Eigenschaften:
Der Graph der Funktion ist symmetrisch zur f(x)-Achse. Er soll bei (1/f(1)) einen Wendepunkt und im Punkt (2/2) einen Hochpunkt haben.

Die Aufgabe 5 unterscheidet sich vom Beispiel 3 dadurch, daß das Gleichungssystem zur Bestimmung der Parameter hier gar nicht lösbar ist, während im Beispiel 3 das Gleichungssystem noch eine Lösung hatte, obwohl die Funktion dann letztlich den Forderungen der Aufgabenstellung nicht genügte.
Parameteraufgaben lassen sich natürlich nicht nur mit ganzrationalen Funktionen, sondern auch mit jedem anderen Funktionstyp durchführen. Dazu die folgende Aufgabe:

Aufgabe 6: Wie muß a gewählt werden, damit der Graph der Funktion f:

$$x \to f(x) = \frac{ax - 1}{x - 1}$$

a) an der Stelle $x = 2$ eine zur Geraden mit der Gleichung $g(x) = -3x + 5$ parallele Tangente hat?

b) an der Stelle $x = -1$ eine durch den Ursprung gehende Tangente hat?

c) Begründen Sie, daß eine Probe in den Aufgabenteilen a) und b) hier nicht erforderlich ist.

Falls Sie bei der Lösung einer Parameteraufgabe eine Gleichung weniger aufgestellt haben als Parameter a, b, ... vorhanden sind, so kontrollieren Sie bitte genau, ob Sie alle Bedingungen der Aufgabenstellung auch ausgenutzt haben. Aus Ihrem Unterricht in der Sekundarstufe I wissen Sie ja sicher noch, daß ein Gleichungssystem genau dann eindeutig lösbar ist, wenn die Anzahl der Variablen mit der Anzahl der Gleichungen übereinstimmt und sich keine der Gleichungen durch Kombination der anderen darstellen läßt.

Sollten Sie trotz Ausnutzung aller Bedingungen eine Gleichung weniger haben, als Parameter vorhanden sind, so können Sie einen Parameter frei wählen und erhalten damit als Lösung einer solchen Aufgabe eine Funktionenschar.

Betrachten Sie dazu das folgende Beispiel:

Beispiel 5: Bestimmen Sie den Funktionsterm einer ganzrationalen Funktion f vom Grade 3 so, daß für den Graphen gilt:
(2/3) liegt auf dem Graphen; (1/f(1)) ist Extrempunkt, und an der Stelle $x=1{,}5$ liegt eine Wendestelle vor.

Lösung:

$$f(x) = ax^3+bx^2+cx+d,$$
$$f'(x) = 3ax^2+2bx+c,$$
$$f''(x)=6ax+2b.$$

Forderungen an den Graphen	Mathematisierung	Gleichung
(2/3) liegt auf dem Graphen	$f(2)=3$	$3=8a+4b+2c+d$
(1/f(1)) ist Extrempunkt	$f'(1)=0$	$0=3a+2b+c$
1,5 ist Wendestelle	$f''(1{,}5)=0$	$0=9a+2b$

In diesem Fall wurden alle gegebenen Bedingungen ausgenutzt. Wir erhalten ein Gleichungssystem mit 3 Gleichungen und den 4 Parametern a, b, c und d.

Es muß also eine Variable – wir wählen einmal a – frei gewählt werden. Dann müssen die anderen Variablen b, c und d in Abhängigkeit von a angegeben werden. Damit ergibt sich für das Gleichungssystem:

$$\left|\begin{array}{l} 3=8a+4b+2c+d \\ 0=\quad 3a+2b+c \\ b=\quad -4{,}5a \end{array}\right| \Leftrightarrow \left|\begin{array}{l} d=3-8a-4b-2c \\ c=-3a-2(-4{,}5a) \\ b=\quad -4{,}5a \end{array}\right| \Leftrightarrow \left|\begin{array}{l} d=3-2a \\ c=\quad 6a \\ b=-4{,}5a \end{array}\right|.$$

Man erhält für den Funktionsterm dann:

$$f_a(x)=ax^3-4{,}5ax^2+6ax+3-2a$$
$$=a\cdot(x^3-4{,}5x^2+6x-2)+3,$$

also eine Funktionenschar.

Wählt man jetzt $a=1 \Rightarrow f_1(x)=x^3-4{,}5x^2+6x+1$;
wählt man $a=2 \Rightarrow f_2(x)=2x^3-9x^2+12x-1$.

Wir erhalten also unendlich viele Lösungen für die Aufgabe. Die Probe ergibt, daß alle Funktionen der Schar f_a Lösungen sind.
Es ist aber auch denkbar, daß man eine endliche Anzahl von Lösungen erhält. Bearbeiten Sie dazu die folgende Aufgabe:

Aufgabe 7: Bestimmen Sie den Funktionsterm einer ganzrationalen Funktion 4. Grades, deren Graph symmetrisch zur f(x)-Achse verläuft und den Punkt (1/0) als Wendepunkt hat. Die beiden Wendetangenten sollen senkrecht aufeinander stehen.

Sie haben nach Aufstellung des Gleichungssystems festgestellt, daß eine der Gleichungen eine quadratische Gleichung war. Nach dem Ausnutzen der Forderung an den Graphen „Die beiden Wendetangenten sollen senkrecht aufeinander stehen" erhielten Sie als Mathematisierung: $f'(1) \cdot f'(-1) = -1$, also für die entsprechende Gleichung $(4a+2b) \cdot (-4a-2b) = -1$ eine quadratische Gleichung und damit zwei Lösungen für a.
Zusammenfassend läßt sich als **Lösungsstrategie für Parameteraufgaben** festhalten:

1) Man bestimme zuerst die Ableitungen des allgemeinen Funktionsterms.
2) Man fertige eine Tabelle nach dem Muster der Lösung zu Beispiel 5 an. Darin schreibe man die Forderungen an den Graphen in die erste Spalte, die Mathematisierungen in die 2. und die entsprechende Gleichung in die 3. Spalte.

   Dabei werden die Bedingungen an den Graphen u.a.
   - durch Ausnutzen der notwendigen Bedingungen für Extrem- oder Wendestellen oder
   - Bestimmung von Funktionswerten oder
   - Bestimmung von Steigungen, also von Funktionswerten der ersten Ableitung

   mathematisiert.
3) Man bestimme die Lösungsmenge des in 2) aufgestellten Gleichungssystems.
4) Man überprüfe, ob die in 3) erhaltene Lösung die angegebenen Bedingungen auch wirklich erfüllt (dazu sind insbesondere die hinreichenden Kriterien für Extrem- und Wendestellen zu untersuchen).

Bearbeiten Sie zur Übung des Lösungsverfahrens für Parameteraufgaben noch die folgenden Aufgaben:

Aufgabe 8: Bestimmen Sie a und b in dem folgenden Funktionsterm so, daß der Graph von

$$f(x) = \frac{x^2 - a}{(x-b)^2}$$

bei $x = 4$ eine Extremstelle und im Punkt (5/f(5)) einen Wendepunkt hat.

Aufgabe 9: Bestimmen Sie eine ganzrationale Funktion 4. Grades, bei welcher der Funktionswert und die ersten vier Ableitungen an der Stelle 0 mit den entsprechenden Werten der Kosinusfunktion übereinstimmen.

1.3 Extremwertaufgaben

Eine Extremwertaufgabe wurde schon als Anwendung zu den Sätzen über Extremwerte im Band II behandelt. Bevor dieses Verfahren allgemein dargestellt wird, wollen wir zunächst ein Beispiel betrachten:

Beispiel 6: Um eine Weide einzuzäumen, hat ein Bauer in einem ersten Arbeitsgang 150 m Zaun auf einer geraden Strecke gesetzt. Es sollen noch 350 m Zaun so hinzugefügt werden, daß ein Rechteck möglichst großer Fläche eingezäunt wird.

Lösung:

Zur Veranschaulichung der Problemstellung zunächst eine Zeichnung:

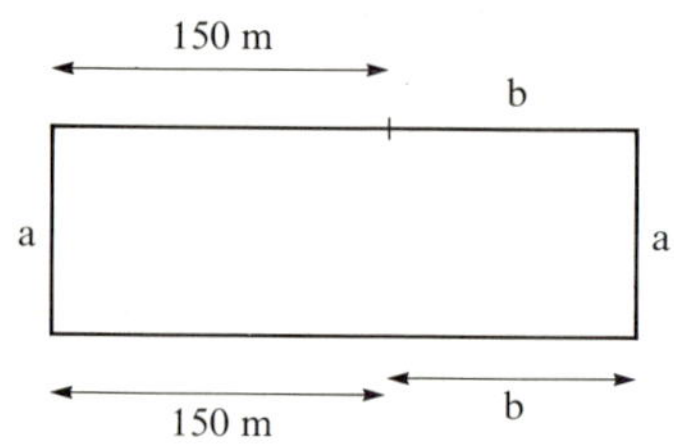

Abbildung 1.2

Im ersten Schritt wird aufgeschrieben, welche Größe extremal werden soll: Die Fläche des Rechtecks:

$$A_{\square} = a \cdot (b + 150) \quad \text{soll möglichst groß werden.} \qquad (1)$$

$A_{\square}$ ist wieder eine Funktion in Abhängigkeit von zwei Variablen, nämlich a und b.
Also muß der Zusammenhang zwischen a und b ermittelt werden. Aus dem Teil der Aufgabe: „Es sollen noch 350 m Zaun so hinzugefügt werden, daß ein Rechteck ... eingezäunt wird" läßt sich die **Nebenbedingung** herleiten;

$$\begin{aligned} &(b+150)\cdot 2 + 2a = 350 + 150 = 500 \\ \Leftrightarrow\quad & 2b + 300 + 2a = 500 \\ \Leftrightarrow\quad & 2b + 2a = 200 \\ \Leftrightarrow\quad & b + a = 100 \\ \Leftrightarrow\quad & a = 100 - b. \end{aligned} \qquad (2)$$

Setzt man (2) in die **Extremalbedingung** (1) ein, so erhält man die **Zielfunktion**:

$$\begin{aligned} & A(b) = (100 - b)\cdot(b + 150) \\ \Leftrightarrow\quad & A(b) = -b^2 + 100b - 150b + 15000 \\ \Leftrightarrow\quad & A(b) = -b^2 - 50b + 15000 \end{aligned} \qquad (3)$$

mit dem Definitionsbereich $\mathbb{D}_A = \{b \mid 0 \leq b \leq 100\}$ (wegen (2)).

Zur Bestimmung der maximalen Fläche benutzen wir wieder die Methoden der Differentialrechnung:

$$A'(b) = -2b - 50; \qquad A''(b) = -2,$$
$$A'(b) = 0 \Leftrightarrow 2b = -50 \Leftrightarrow b = -25,$$
$$A''(-25) = -2 < 0.$$

Daraus folgt: An der Stelle $(-25/A(-25))$ liegt ein lokaler Hochpunkt der Zielfunktion vor. Nach unserem vorgegebenen Definitionsbereich gehört aber $b = -25$ nicht zu $\mathbb{D}_A$.

Gibt es also keine Lösung des gestellten Problems?

Zur Beantwortung dieser Frage skizzieren wir den Graphen der Zielfunktion über ihrem maximalen Definitionsbereich $\mathbb{R}$:

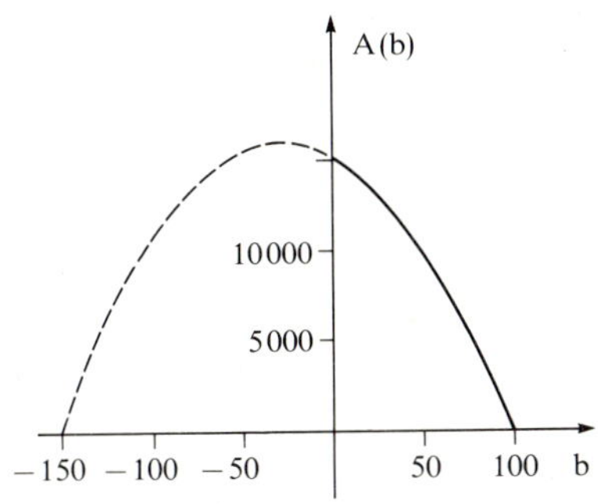

Abbildung 1.3

Für unser Problem spielt nur der im 1. Quadranten des Koordinatensystems liegende Teil des Graphen eine Rolle. An diesem Beispiel erkennt man, daß der Flächeninhalt maximal wird für $b = 0$. Es liegt also ein Maximum unserer Zielfunktion an einer Randstelle des Definitionsbereiches.
Somit hat die Aufgabe doch eine Lösung, nämlich: Für $b = 0$ und $a = 100$ wird der Flächeninhalt des Rechtecks maximal.
Zusätzlich zu den lokalen Extremstellen kann eine Funktion an den Randstellen des Definitionsbereiches noch globale Extrema bezüglich des Definitionsbereichs der Zielfunktion besitzen, wie die Aufgabe zeigt. Aus diesem Grunde ist in jedem Fall eine Untersuchung der Funktionswerte an den Randstellen erforderlich. Sollten Sie mit der Unterscheidung der Begriffe „lokale Extrema“ und „globale (absolute) Extrema“ noch Schwierigkeiten haben, so wiederholen Sie bitte diese Definitionen mit den Erläuterungen im Band II der Abiturhilfen Analysis, Kapitel I.

Das nächste Beispiel soll ohne ausführliche Erläuterungen behandelt werden.

Beispiel 7: Einem gleichseitigen Dreieck der Seitenlänge 8 cm ist ein Rechteck so einzubeschreiben, daß eine Rechteckseite auf einer Dreiecksseite liegt. Wie lang sind die Rechteckseiten zu wählen, damit das Rechteck einen möglichst großen Flächeninhalt hat?

Lösung:

1. Schritt: Skizze der Problemstellung:
Das einbeschriebene Rechteck hat die Seiten a und b.

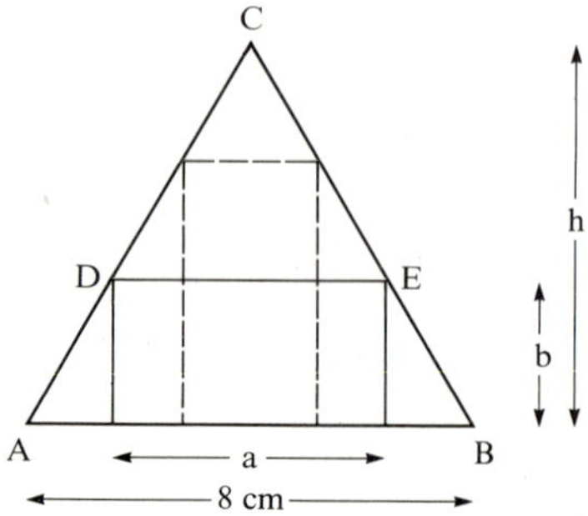

Abbildung 1.4

2. Schritt: Formulierung der Extremalbedingung:

$$A_{\square}(a, b) = a \cdot b. \qquad (1)$$

3. Schritt: Aufstellen der Nebenbedingung:
In der Skizze liegt eine Strahlensatzfigur vor mit dem Scheitelpunkt C und den beiden parallelen Strecken $\overline{DE}$ ($|\overline{DE}| = a$) und $\overline{AB}$ ($|\overline{AB}| = 8$).
Nach dem 2. Strahlensatz erhält man:

$$\frac{h-b}{h} = \frac{\frac{a}{2}}{4} = \frac{a}{8}. \qquad (2)$$

Nach dem Satz des Pythagoras gilt weiterhin:

$$h^2 = |\overline{CB}|^2 - \left(\frac{|\overline{AB}|}{2}\right)^2 = 64 - 16 = 48$$

$$\Rightarrow \; h = 4 \cdot \sqrt{3}.$$

Setzt man dies in (2) ein, so erhält man:

$$\frac{4 \cdot \sqrt{3} - b}{4 \cdot \sqrt{3}} = \frac{a}{8} \;\Leftrightarrow\; a = \frac{1}{\sqrt{3}} \cdot 2 \cdot (4 \cdot \sqrt{3} - b) = 8 - \frac{2}{\sqrt{3}}\, b.$$

Setzt man diese Nebenbedingung in die Extremalbedingung (1) ein, so erhält man den nächsten Schritt:

4. Schritt: Aufstellung der Zielfunktion mit ihrem Definitionsbereich:

$$A(b) = \frac{2}{\sqrt{3}}\,(4 \cdot \sqrt{3} - b) \cdot b \quad \text{mit } \mathbb{D}_A = \{b : 0 \leq b \leq 4 \cdot \sqrt{3}\}$$

$$= 8\,b - \frac{2}{3} \cdot \sqrt{3} \cdot b^2.$$

5. Schritt: Bestimmung der lokalen (oder auch relativen) Extrema:

$$A'(b)=8-\frac{4}{\sqrt{3}}\cdot b \Rightarrow A'(b)=0 \Leftrightarrow 8-\frac{4}{\sqrt{3}}b=0$$

$$\Leftrightarrow b=2\cdot\sqrt{3}$$

$$A''(b)=-\frac{4}{\sqrt{3}}<0$$

$\Rightarrow$ A(b) hat in $(2\cdot\sqrt{3}/8\cdot\sqrt{3})$ ein lokales Maximum.

6. Schritt: Untersuchung der Randstellen des Definitionsbereiches:
$A(0)=0$ und $A(4\cdot\sqrt{3})=0$.
Da $A(0)<A(2\cdot\sqrt{3})$ und $A(4\cdot\sqrt{3})<A(2\cdot\sqrt{3})$, liegt an der Stelle $b=2\cdot\sqrt{3}$ auch gleichzeitig das globale Maximum über dem angegebenen Definitionsbereich.

7. Schritt: Bezug der Lösung auf die gestellte Aufgabe:
Der Flächeninhalt des in das Dreieck einbeschriebenen Rechtecks wird maximal für die Seitenlängen $b=2\cdot\sqrt{3}$ cm $\approx 3{,}46$ cm und $a=4$ cm. Der Flächeninhalt ist dann $A=8\cdot\sqrt{3}$ cm$^2 \approx 13{,}86$ cm^2.

Bei der selbständigen Bearbeitung von Extremwertaufgaben werden Ihnen wahrscheinlich das Auffinden der Nebenbedingung und das Bestimmen des Definitionsbereiches die größten Schwierigkeiten machen.
Bisher wurden zum Finden der Nebenbedingungen geometrische Formeln (Flächen- oder Volumenformeln, Satz des Pythagoras und Strahlensätze) benutzt.
Der Definitionsbereich der Zielfunktion wurde durch die Überlegung ermittelt, welche Werte die Variable (nach Ausnutzen der Nebenbedingung) dieser Funktion mindestens annehmen muß und höchstens annehmen kann.
Diese Überlegung stellt man am besten anhand der zur Aufgabe angefertigten Skizze an:
Im Beispiel 6 muß b auf jeden Fall größer oder gleich 0 sein, da Seitenlängen keine negativen Werte annehmen können. Weiterhin weiß man, daß $b+a+b+150+a$ (Umfang des Rechtecks ohne die Strecke $\overline{AB}$) genau 350 m sein muß, also $2b+2a=200$ m $\Leftrightarrow$ $a+b=100$ m. Da a auch eine Seitenlänge ist, kann b also höchstens 100 m sein.
Im Beispiel 7 ist die gesuchte Rechteckseite wieder nicht negativ. Außerdem kann b höchstens so groß sein wie die Höhe h des umbeschriebenen Dreiecks. Da $h=4\cdot\sqrt{3}$, folgt sofort $0\leq b\leq 4\cdot\sqrt{3}$ für den Definitionsbereich.
Bearbeiten Sie zur Anwendung des Verfahrens die folgenden Aufgaben:

Aufgabe 10: In einem naturwissenschaftlichen Experiment wird eine Größe m n-mal gemessen. Die Meßergebnisse sind $m_1, \ldots, m_n$. Für welchen Wert $\bar{m}$ wird die Summe der Fehlerquadrate

$$f(\bar{m})=(\bar{m}-m_1)^2+(\bar{m}-m_2)^2+\ldots+(\bar{m}-m_n)^2$$

minimal?

(*Hinweis*: In diesem Fall ist für $f(\bar{m})$ schon die Zielfunktion angegeben.)

Aufgabe 11: Von einer rechteckigen Glasplatte ist eine Ecke abgebrochen wie in der Skizze angegeben. Aus dem Rest soll eine neue rechteckige Platte mit möglichst großer Fläche geschnitten werden. (Z.B. wie entlang der gestrichelten oder der gepunkteten Linie.)

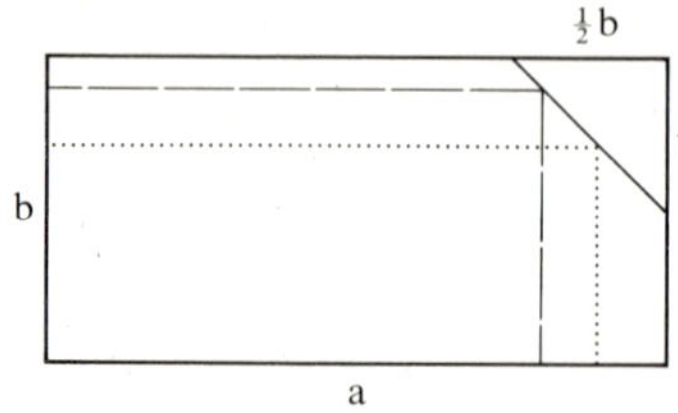

Abbildung 1.5

a) Lösen Sie diese Aufgabe einmal für $a = 6$ cm und $b = 2$ cm und einmal für $a = 6$ cm und $b = 5$ cm.

b) Begründen Sie durch eine allgemeine Rechnung die Unterschiede in den beiden Fällen.

Anhand dieser Aufgabe 11 wollen wir ein weiteres Verfahren zum Auffinden der Nebenbedingung erarbeiten:

Beispiel 8: Aufgabenstellung wie Aufgabe 11 mit $a = 6$ cm und $b = 5$ cm.

Lösung:

Das gesamte Rechteck wird in ein Koordinatensystem gelegt:

Die Punkte A(6/2,5) und B(3,5/5) $\left(y_A = 5 - \frac{1}{2}b = 2{,}5;\ x_B = 6 - \frac{1}{2}b = 3{,}5\right)$ liegen auf einer Geraden mit der Gleichung: $g(x) = -x + 8{,}5$ (Aufstellen aus den beiden gegebenen Punkten A und B).

Der Punkt X, der den einen Eckpunkt des gesuchten Rechtecks bezeichnet, liegt dann auf der Geraden durch A und B.

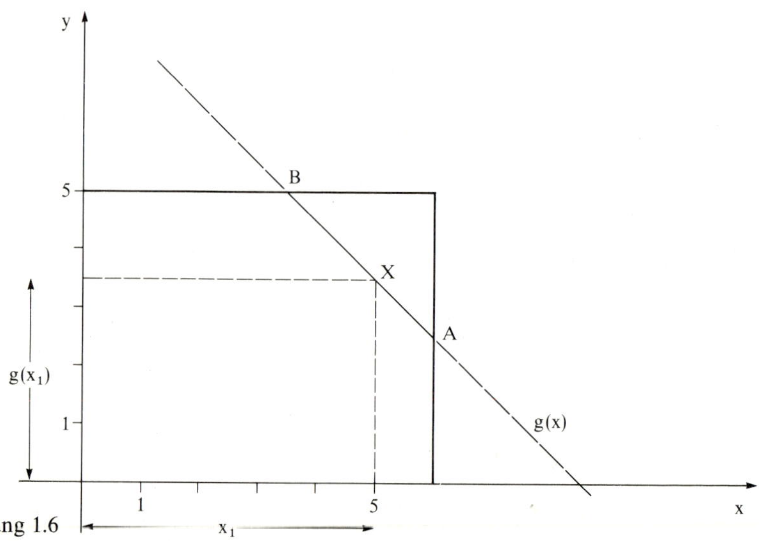

Abbildung 1.6

Daraus folgt: X hat die Koordinaten $(x_1/g(x_1)) = (x_1/-x_1+8{,}5)$. Da die Extremalbedingung durch $A(x_1) = x_1 \cdot g(x_1)$ angegeben war, erhält man als Zielfunktion:

$$A(x) = x \cdot (-x+8{,}5) = -x^2 + 8{,}5x \quad \text{mit } \mathbb{D}_A = [3{,}5; 6].$$

Aufgabe 12: Untersuchen Sie die in Beispiel 8 angegebene Zielfunktion auf Extremstellen und vergleichen Sie dieses Ergebnis mit dem der Aufgabe 11a.

Im Beispiel 8 haben Sie gesehen, daß es in einigen Fällen durchaus möglich ist, die gesamte Figur in ein geeignetes Koordinatensystem zu legen und die Nebenbedingung mit Hilfe von Funktionen aufzustellen.
Nicht jede Extremwertaufgabe führt allerdings auf eine so einfache Zielfunktion wie in den bisher behandelten Beispielen, nämlich auf ganzrationale Funktionen. Betrachten Sie dazu das folgende Beispiel:

Beispiel 9: Welcher Punkt auf dem Graphen der Funktion f: $x \to f(x) = \frac{1}{4}x^2$ hat vom Punkt P(0/3) den kleinsten Abstand?

Lösung:

Mögliche Abstände $|\overline{PA_1}|$, $|\overline{PA_2}|$ und $|\overline{PA_3}|$ sind in der untenstehenden Zeichnung gestrichelt. Ein Punkt A auf dem Graphen mit den Koordinaten $(a/0{,}25\,a^2)$ hat von P(0/3) den Abstand (Abstandsformel s. Band I Abiturhilfen Analysis Satz 3.4; für Dreieck PDA_2 gilt: $|\overline{PA_2}|^2 = |\overline{DA_2}|^2 + |DP|^2$):

$$|\overline{PA}| = \sqrt{(0-a)^2 + (3-0{,}25\,a^2)^2}.$$

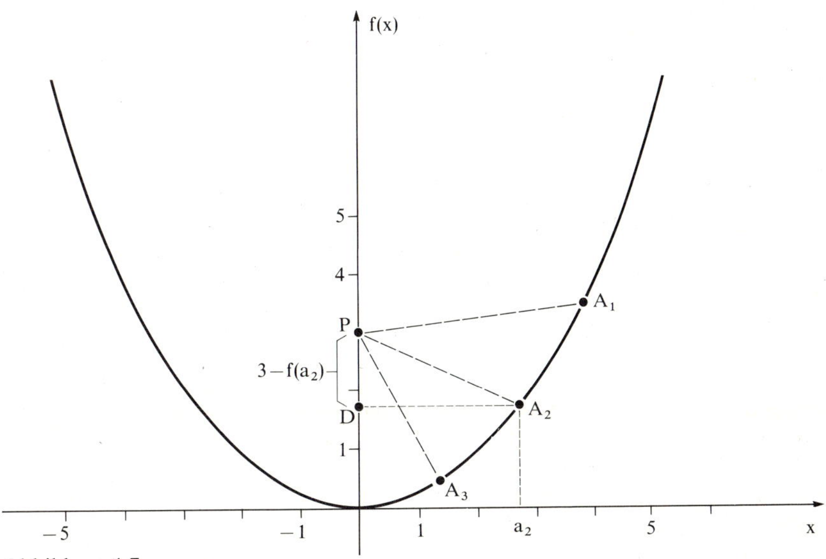

Abbildung 1.7

Als Zielfunktion erhält man also eine Funktion

$$d:\quad a \to d(a)=\sqrt{a^2+9-\frac{3}{2}a^2+\frac{1}{16}a^4}=\sqrt{\frac{1}{16}a^4-\frac{1}{2}a^2+9}$$

mit dem Definitionsbereich $\mathbb{D}_d=\mathbb{R}$, da der Radikand für alle $a\in\mathbb{R}$ positiv ist.

Das bekannte Verfahren zur Bestimmung von Extremstellen liefert:

$$d'(a)=\frac{\frac{1}{4}a^3-a}{2\cdot\sqrt{\frac{1}{16}a^4-\frac{1}{2}a^2+9}},$$

$$d''(a)=\frac{\left(\frac{3}{4}a^2-1\right)\cdot 2\cdot\sqrt{\frac{1}{16}a^4-\frac{1}{2}a^2+9}-\frac{\left(\frac{1}{4}a^3-a\right)\cdot\left(\frac{1}{4}a^3-a\right)}{\sqrt{\frac{1}{16}a^4-\frac{1}{2}a^2+9}}}{4\cdot\left(\frac{1}{16}a^4-\frac{1}{2}a^2+9\right)}.$$

Die zweite Ableitung ist nur mit erhöhtem Rechenaufwand zu vereinfachen. Ein hilfreicher Satz verringert für diese und ähnliche Aufgaben diesen technischen Aufwand erheblich:

> **Satz 1.1:** Sei f: $x\to f(x)$ eine über einem Intervall [a; b] positive Funktion. Dann gilt:
> x_0 ist lokales Extremum von f über [a; b]
> $\Leftrightarrow$ x_0 ist lokales Extremum von f^2 über [a; b].

Die Aussage dieses Satzes bedeutet für unser Beispiel gerade, daß es genügen würde, die Funktion $d^2(a)=\frac{1}{16}a^4-\frac{1}{2}a^2+9$ auf Extremstellen zu untersuchen, falls d(a) nur über ihrem Definitionsbereich positiv ist.

Extremstellenuntersuchung von d^2:

$$[d^2(a)]'=\frac{1}{4}a^3-a;\quad [d^2(a)]'=0 \Leftrightarrow a=0\vee a=2\vee a=-2,$$

$$[d^2(a)]''=\frac{3}{4}a^2-1;\quad [d^2(0)]''=-1<0;\quad [d^2(2)]''=2>0;$$

$$[d^2(-2)]''=2>0.$$

Also hat d^2 an den Stellen $a=-2$ und $a=2$ ein lokales Minimum und an der Stelle 0 ein lokales Maximum.

Die Anwendung des Satzes 1.1 liefert:

d hat an den Stellen $a=-2$ und $a=2$ lokale Minima und an der Stelle 0 ein lokales Maximum.

Die Randstellen können hier nicht weiter betrachtet werden, da $\mathbb{D}_d = \mathbb{R}$ ist.
Auf dem Graphen der Funktion $f(x) = \frac{1}{4}x^2$ haben also die beiden Punkte (2/1) und (−2/1) zum Punkt (0/3) den geringsten Abstand. Dieser Abstand beträgt $\sqrt{8}$ Längeneinheiten.
Nachdem Sie einige Beispiele zu den Extremwertaufgaben bearbeitet haben, soll jetzt noch einmal das **Verfahren zur Bearbeitung von Extremwertaufgaben** allgemein dargestellt werden:

1. *Schritt*: Skizze der Problemstellung (hier können Sie häufig schon Zusammenhänge zwischen den einzelnen Variablen erkennen) mit vollständiger Bezeichnung.
2. *Schritt*: Formulierung der Extremalbedingung (Welche Größe soll extremal werden? Wie wird diese aus den angegebenen Variablen berechnet?) – gegebenenfalls als Funktion mit mehreren Variablen.
3. *Schritt*: Aufstellen der Nebenbedingungen über Strahlensätze, Sätze aus der Satzgruppe des Pythagoras, geometrische Volumen-, Flächeninhalts- oder Umfangsformeln oder die Wahl eines geeigneten Koordinatensystems. (Sie müssen hier die Antwort auf die Frage finden: „Wie kann eine Variable durch die andere (die anderen) ausgedrückt werden?“)
4. *Schritt*: Aufstellen der Zielfunktion mit ihrem Definitionsbereich. (Sie erhalten $\mathbb{D}$, indem Sie die Frage beantworten: „Wie groß kann die Variable der Zielfunktion höchstens sein, und wie groß muß sie mindestens sein?“)
5. *Schritt*: Bestimmen der lokalen Extremstellen mit den Methoden der Differentialrechnung.
6. *Schritt*: Untersuchung der Randstellen.
7. *Schritt*: Bezug der Lösung auf die gestellte Aufgabe.

Bearbeiten Sie zur Übung dieses Verfahrens die folgenden Aufgaben selbständig.

Aufgabe 13: Gegeben seien zwei Funktionen f_1 und f_2 mit $f_1(x) = -x^2 + 2$ und $f_2(x) = 2x^2 - 10$.

a) Zeichnen Sie die Graphen von f_1 und f_2 in ein gemeinsames Koordinatensystem.
b) Die beiden Graphen begrenzen eine Fläche. In diese Fläche sollen Rechtecke einbeschrieben werden, deren Seiten parallel zu den Koordinatenachsen liegen. Wie groß sind die Längen der Seiten des Rechtecks, das von allen möglichen den maximalen Flächeninhalt hat?

Aufgabe 14: Aus einem Kreis mit dem Radius r = 10 cm soll das Netz einer quadratischen Pyramide mit maximalem Volumen ausgeschnitten werden. Wie lang wird die Grundkante der Pyramide und wie groß ihre Höhe?

Mathematisch strenggenommen hätten wir bei allen hier betrachteten Extremwertaufgaben die Ableitungen so einfach gar nicht bilden dürfen. Man müßte bei jedem Beispiel untersuchen, ob die Zielfunktion überhaupt über dem angegebenen Definitionsbereich differenzierbar ist.
Bisher haben wir aber nur solche Funktionen als Zielfunktionen betrachtet, deren Differenzierbarkeitseigenschaft im Kapitel über die Differenzierbarkeit von Funktionen schon einmal nachgewiesen wurde. Wir brauchen daher dieses Problem hier nicht mehr zu vertiefen.
Selbstverständlich lassen sich nach der beschriebenen Methode nur solche Aufgaben bearbeiten, die auf eine Funktion führen, die mit Ihren Methoden zu handhaben ist. Manche Probleme erscheinen so einfach, verlangen aber eine „geniale Idee“, weil die Zielfunktion nicht aufzustellen ist.
So wissen Sie sicher aus Ihrem Schulunterricht, daß unter allen Rechtecken mit gleichem Umfang das Quadrat den größten Flächeninhalt hat. Diese Aussage ist selbst dann richtig, wenn sie auf *alle* Vierecke gleichen Umfangs verallgemeinert wird. Da jetzt Seiten und Winkel verändert werden können, ist es zumindest nicht ohne weiteres möglich, für dieses Problem eine Zielfunktion aufzustellen, die den Flächeninhalt eines beliebigen Vierecks in Abhängigkeit von nur einer Variablen (Seite oder Winkel) angibt.
Auf einen Abschlußtest soll in diesem Kapitel verzichtet werden, da Sie im letzten Kapitel dieses Bandes noch einmal zusammenhängende Aufgaben aus dem Bereich der gesamten Analysis bearbeiten sollen und diese Aufgaben als Teile wieder die Anwendungen der Differentialrechnung beinhalten.

2. Kapitel: Integralrechnung

2.1 Entwicklung des Integralbegriffs

In der Sekundarstufe I haben Sie Flächeninhalte einzelner ebener Figuren berechnet, den Flächeninhalt des Rechtecks, des Parallelogramms, des Dreiecks, des Trapezes und des Kreises. Dabei war der Kreis die einzige nicht durch Strecken begrenzte Figur. Die Bestimmung seines Flächeninhaltes war dann auch sehr viel schwieriger als die Bestimmung der Flächeninhalte der geradlinig begrenzten Figuren.

Mit dem Thema „Flächeninhalt krummlinig begrenzter Flächen" wollen wir uns im folgenden eingehender beschäftigen.

Was ist der Flächeninhalt der durch den Graphen zweier Funktionen f_1 und f_2 berandeten, in Abbildung 2.1 grau unterlegten Fläche?

Zur Beantwortung dieser und ähnlicher Fragen sind wir wie bei der Bestimmung des Flächeninhaltes des Kreises zunächst auf „Näherungsverfahren" angewiesen.

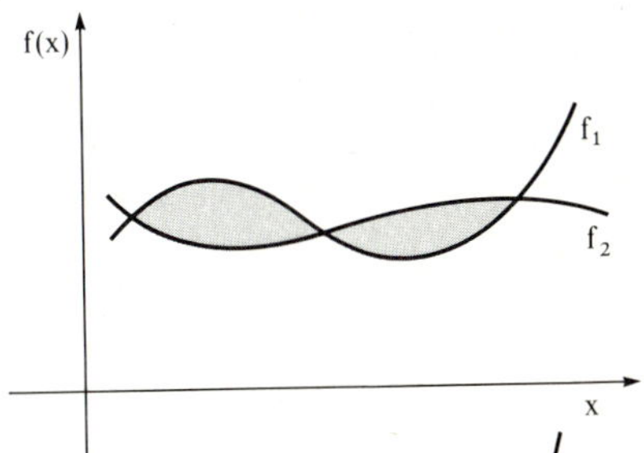

Abbildung 2.1

Wir beginnen mit der Betrachtung der Ordinatenfläche einer nicht negativen beschränkten Funktion f über dem Intervall [a; b], das ist die Fläche

$$\{(x, y), a \leqq x \leqq b, 0 \leqq y \leqq f(x)\}.$$

Beispiel 1: Sei $f(x) = x^2$. Wir fragen nach dem Flächeninhalt der grau unterlegten Fläche in Abbildung 2.2.

Wir betrachten eine Zerlegung Z_n des Intervalls $[0; b]$ in die n Teilintervalle $Z_n = \{x_0, x_1, \ldots, x_n$ mit $0 = x_0 < x_1 < \ldots < x_n = b\}$. In der Abbildung 2.2 haben diese Intervalle alle die gleiche Länge $\frac{b}{n}$.

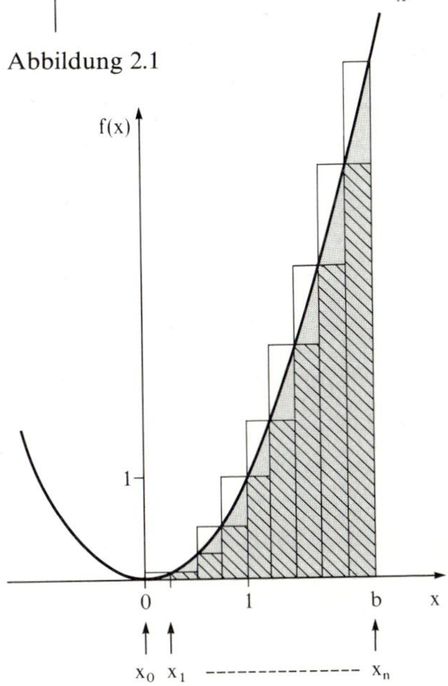

Abbildung 2.2

Über jedem Teilintervall $[x_{k-1}, x_k]$ errichten wir zwei Rechtecke:

– ein kleineres mit dem Flächeninhalt $\frac{b}{n} \cdot f(x_{k-1})$,

– ein größeres mit dem Flächeninhalt $\frac{b}{n} \cdot f(x_k)$.

Man erhält auf diese Weise eine „untere“ Treppenfigur und eine „obere“ Treppenfigur. Erstere Treppenfigur ist die schraffierte Figur. Bezeichnen wir mit s_n den Flächeninhalt der unteren Treppenfigur und mit S_n den Flächeninhalt der oberen Treppenfigur. Diese Flächeninhalte lassen sich leicht berechnen. Beginnen wir mit der „oberen“ Treppenfigur. Es ist

$f\left(\frac{b}{n}\right) \cdot \frac{b}{n} = \frac{b^2}{n^2} \cdot \frac{b}{n}$ der Flächeninhalt des 1. Rechtecks,

$f\left(2 \cdot \frac{b}{n}\right) \cdot \frac{b}{n} = \frac{2^2 b^2}{n^2} \cdot \frac{b}{n}$ der Flächeninhalt des 2. Rechtecks,

$\vdots$

$f\left(n \cdot \frac{b}{n}\right) \cdot \frac{b}{n} = \frac{n^2 b^2}{n^2} \cdot \frac{b}{n}$ der Flächeninhalt des n. Rechtecks.

Es ist dann

$$S_n = \frac{b^2}{n_2} \cdot \frac{b}{n} + 2^2 \cdot \frac{b^2}{n^2} \cdot \frac{b}{n} + \ldots + n^2 \cdot \frac{b^2}{n^2} \cdot \frac{b}{n} = \frac{b^3}{n^3}(1 + 2^2 + \ldots + n^2).$$

Zur Berechnung der Summe der Quadratzahlen benutzen wir die Formel

$$1 + 2^2 + 3^2 + \ldots + n^2 = \frac{n(n+1)(2n+1)}{6}.$$

Dann erhalten wir

$$S_n = \frac{b^3}{n^3} \cdot \frac{n(n+1)(2n+1)}{6} = \frac{b^3}{6} \frac{(n+1)(2n+1)}{n^2} = \frac{b^3}{6}\left(1 + \frac{1}{n}\right)\left(2 + \frac{1}{n}\right).$$

Den Flächeninhalt der unteren Treppenfigur erhält man ebenso. Es ist

$f\left(\frac{b}{n}\right) \cdot \frac{b}{n} = \frac{b^2}{n^2} \cdot \frac{b}{n}$ der Flächeninhalt des 1. schraffierten Rechtecks,

$f\left(2 \cdot \frac{b}{n}\right) \frac{b}{n} = \frac{2^2 b^2}{n^2} \frac{b}{n}$ der Flächeninhalt des 2. schraffierten Rechtecks,

$\vdots$

$f\left((n-1) \frac{b}{n}\right) \frac{b}{n} = \frac{(n-1)^2 b^2}{n^2} \frac{b}{n}$ der Flächeninhalt des letzten schraffierten Rechtecks.

Es ist dann

$$s_n = \frac{b^2}{n^2} \frac{b}{n} + \frac{2^2 b^2}{n^2} + \ldots + \frac{(n-1)^2 b^2}{n^2} \cdot \frac{b}{n} = \frac{b^3}{n^3}(1 + 2^2 + \ldots + (n-1)^2)$$

$$= \frac{b^3}{n^3} \cdot \frac{(n-1) \cdot n(2(n-1)+1)}{6} = \frac{b^3}{n^3} \cdot \frac{(n-1) \cdot n \cdot (2n-1)}{6} = \frac{b^3}{6} \cdot \frac{(n-1)(2n-1)}{n^2}$$

$$= \frac{b^3}{6}\left(1 - \frac{1}{n}\right)\left(2 - \frac{1}{n}\right).$$

Betrachten wir jetzt eine Folge $\langle Z_n \rangle$[1] von Zerlegungen Z_n des Intervalls $[0; b]$, wobei Z_n eine Zerlegung des Intervalls $[0; b]$ in n gleiche Teilintervalle sei, also

$$Z_1 = \{0, b\}, \quad Z_2 = \left\{0, \frac{b}{2}, b\right\}, \quad Z_3 = \left\{0, \frac{b}{3}, \frac{2}{3}b, b\right\} \ldots,$$

dann erhalten wir mit jedem Glied der Folge eine immer feinere Zerlegung des Intervalls $[0; b]$.
Die Intervalle der Zerlegung Z_n haben die Länge $\delta_n = \frac{b}{n}$. Also ist $\lim\limits_{n \to \infty} \delta_n = 0$.

Für jedes n (jede Zerlegung Z_n) können wir die Unter- und Obersumme s_n und S_n bilden. Wir erkennen, daß die Folgen $\langle s_n \rangle$ und $\langle S_n \rangle$ konvergent sind und zwar gegen den gleichen Grenzwert.
Es ist

$$\lim_{n \to \infty} s_n = \frac{b^3}{6} \lim_{n \to \infty} \left(1 - \frac{1}{n}\right)\left(2 - \frac{1}{n}\right) = \frac{b^3}{6} \lim_{n \to \infty} \left(1 - \frac{1}{n}\right) \lim_{n \to \infty} \left(2 - \frac{1}{n}\right) = \frac{b^3}{6} \cdot 2 = \frac{b^3}{3}$$

$$\lim_{n \to \infty} S_n = \frac{b^3}{6} \lim_{n \to \infty} \left(1 + \frac{1}{n}\right)\left(2 + \frac{1}{n}\right) = \frac{b^3}{6} \cdot 2 = \frac{b^3}{3}.$$

Wäre es nicht sinnvoll, diese Zahl $\frac{b^3}{3}$ als Maßzahl des Flächeninhalts der betrachteten Ordinatenfläche zu nehmen?
Ohne weiteres können wir diese Frage nicht mit Ja beantworten. Könnte der Wert $\frac{b^3}{3}$ nicht von dem gewählten Approximationsverfahren abhängen?

Wir haben eine Folge von Zerlegungen Z_n betrachtet, wo Z_n jeweils eine Zerlegung des Intervalls in *gleich lange* Teilintervalle lieferte (eine solche Zerlegung nennt man eine äquidistante Zerlegung). Wir hätten auch eine beliebige andere Zerlegungsfolge wählen können, wo die einzelnen Zerlegungen nicht äquidistant waren (vgl. Abbildung 2.3). Bezeichnen wir eine solche Zerlegungsfolge mit $\langle Z_n^* \rangle$ und mit

$$\delta_n^* = \max \{|x_k - x_{k-1}|, k = 1, \ldots, n\}$$

die maximale Länge der Teilintervalle von $\langle Z_n^* \rangle$.
Auch jetzt kann man wieder zu jeder Zerlegung Z_n^* eine untere und eine obere Treppenfigur bilden. Bezeichnen wir die zur Zerlegung Z_n^* gehörenden Flächeninhalte der oberen bzw. unteren Treppenfigur mit S_n^* bzw. s_n^*. Woher nehmen wir die Gewißheit, daß, auch falls $\lim\limits_{n \to \infty} \delta_n^* = 0$ gilt, wieder $\lim\limits_{n \to \infty} S_n^*$ und $\lim\limits_{n \to \infty} s_n^*$ existieren und auch noch

$$\lim_{n \to \infty} S_n^* = \lim_{n \to \infty} s_n^* = \lim_{n \to \infty} S_n = \lim_{n \to \infty} s_n$$

gilt?

[1] Zur Kennzeichnung einer Zerlegungsfolge verwenden wir hier das gleiche Symbol $\langle\ \rangle$ wie bei Zahlenfolgen, obwohl eine Folge von Zerlegungen keine Folge von Zahlen ist.

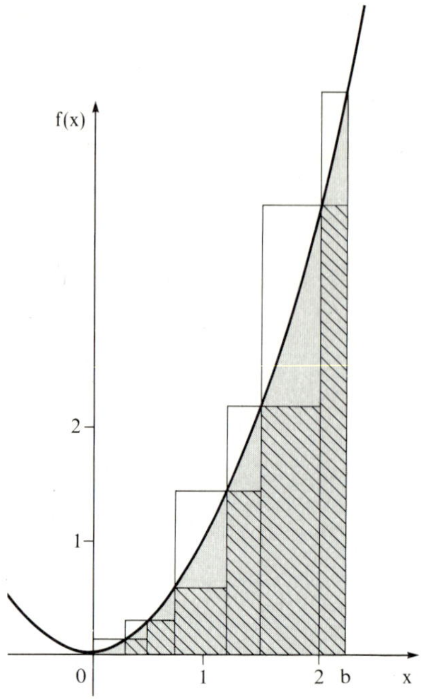

Abbildung 2.3

Die Anschauung läßt diese Vermutung als richtig erscheinen, aber daß sie für stetige Funktionen tatsächlich richtig ist, ist einer der zentralen Sätze der Integralrechnung. Bevor wir diesen Satz aufschreiben, verallgemeinern wir die in dem Beispiel 1 gegebene Situation. Wir betrachten den in Abbildung 2.4 dargestellten Graphen einer stetigen Funktion.

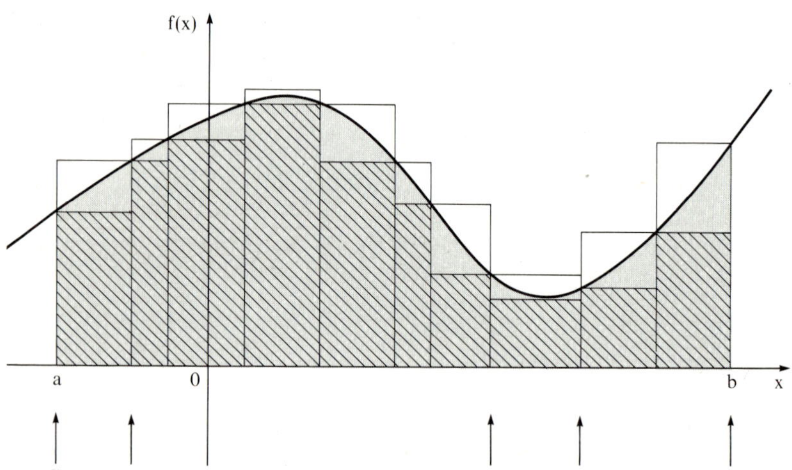

Abbildung 2.4

Die Situation in Abbildung 2.4 ist insofern verändert gegenüber Abbildung 2.2, als die betrachtete Funktion jetzt nicht mehr monoton auf dem Intervall [a; b] ist. Bei monotonen Funktionen ist die Konstruktion unterer und oberer Treppenfiguren und die Bestimmung der zugehörigen Unter- und Obersumme einfach. Es reicht, die Funktionswerte in den Eckpunkten der Teilintervalle zu kennen. In der in Abbildung 2.4 dargestellten Situation sind zur Konstruktion der Treppenfiguren und der Unter- und Obersummen jeweils die kleinsten bzw. größten Funktionswerte von f auf den einzelnen Teilintervallen der Zerlegung Z_n einzusetzen. Diese Werte werden nicht immer in den Eckpunkten angenommen. Bezeichnen wir mit

M_k das Maximum von f auf dem Teilintervall $[x_{k-1}; x_k]$,

m_k das Minimum von f auf dem Teilintervall $[x_{k-1}; x_k]$,

dann ist der Flächeninhalt der unteren Treppenfigur

$$s_n = m_1(x_1 - x_0) + m_2(x_2 - x_1) + \ldots + m_n(x_n - x_{n-1}) = \sum_{k=1}^{n} m_k(x_k - x_{k-1})$$

und der Flächeninhalt der oberen Treppenfigur

$$S_n = M_1(x_1 - x_0) + M_2(x_2 - x_1) + \ldots + M_n(x_n - x_{n-1}) = \sum_{k=1}^{n} M_k(x_k - x_{k-1}).$$

Nun gilt:

Satz 2.1: Sei f: $[a; b] \to \mathbb{R}$ stetig und nicht negativ.
Sei $\langle Z_n \rangle$ eine Zerlegungsfolge von [a; b].
Bezeichne δ_n das Maximum der Längen der Teilintervalle von Z_n, also $\delta_n = \max\{|x_k - x_{k-1}|, k = 1, \ldots, n\}$. Es gelte $\lim\limits_{n\to\infty} \delta_n = 0$.

Dann konvergieren die Folgen der Unter- und Obersummen $\langle s_n \rangle$ und $\langle S_n \rangle$ stets gegen den gleichen Grenzwert. Diese Zahl ist unabhängig von der Form der gewählten Zerlegungsfolge.
Diesen gemeinsamen Grenzwert nennen wir den **Flächeninhalt** der Ordinatenfläche von f über [a; b] und bezeichnen ihn mit $A_a(b)$.

Nach diesem Satz können wir jetzt tatsächlich sagen, daß $\frac{b^3}{3}$ der Flächeninhalt der Ordinatenfläche von $f(x) = x^2$ über dem Intervall [0; b] ist.
Die obigen Überlegungen lassen sich ebenso für den Fall durchführen, daß statt b eine variable Intervallgrenze betrachtet wird. Ist f stetig auf [a; b] und nicht negativ, so hat die Ordinatenfläche von f über [a; x] einen Flächeninhalt $A_a(x)$ für jedes x mit $a < x \leq b$.

Beispiel 2: Die Funktion $f(x) = x^2$ ist für alle $x \geq 0$ stetig und nicht negativ.
Für alle $x > 0$ ist $A_0(x) = \frac{x^3}{3}$.

Durch die Zuordnung $x \to A_a(x)$ erhält man eine Funktion. Sie heißt die **Flächeninhaltsfunktion von f zur unteren Grenze a.**

Jetzt kennen wir zwar Funktionen bei denen wir der Ordinatenfläche einen Flächeninhalt zuschreiben können, die stetigen nicht negativen Funktionen. Aber wir kennen bisher nur ein schwerfälliges Verfahren zur Berechnung von Flächeninhalten, nämlich die Bildung einer Zerlegungsfolge $\langle Z_n \rangle$ des Intervalls $[a; b]$, für die $\lim\limits_{n \to \infty} \delta_n = 0$ gilt und die Berechnung des Grenzwertes der Folge der Ober- oder Untersummen. Das entscheidende „Handwerkszeug" zur *Berechnung* von Flächeninhalten liefert der sog. Hauptsatz der Differential- und Integralrechnung, den wir hier zunächst für Flächeninhaltsfunktionen aufschreiben.

Satz 2.2: Sei $f\colon [a; b] \to \mathbb{R}$ eine nicht negative stetige Funktion. Dann gilt: Die Flächeninhaltsfunktion $A_a(x)$ ist für alle $x \in \langle a; b \rangle$ differenzierbar, und es ist $A_a'(x) = f(x)$.

Flächeninhaltsfunktionen von stetigen nicht negativen Funktionen sind also Stammfunktionen.

Wir wiederholen die Definition „Stammfunktion".

Definition 2.1: Sei $I \subset \mathbb{R}$ ein Intervall und $f\colon I \to \mathbb{R}$. Eine differenzierbare Funktion $F\colon I \to \mathbb{R}$ heißt eine **Stammfunktion** von f auf I, wenn $F'(x) = f(x)$ für alle $x \in I$ gilt.

Beispiele für Stammfunktionen:

a) $f(x) = x^2$. Eine Stammfunktion von f auf $\mathbb{R}$ ist $F(x) = \frac{x^3}{3}$, denn $F'(x) = \frac{3 \cdot x^2}{3} = x^2$.

b) $f(x) = \sin x$. Eine Stammfunktion von f auf $\mathbb{R}$ ist $F(x) = \cos x$, denn $F'(x) = \sin x$.

c) $f(x) = \frac{1}{\sqrt{x}}$, $I = \mathbb{R}^+$. Eine Stammfunktion von f auf $\mathbb{R}^+$ ist $F(x) = 2\sqrt{x}$, denn $F'(x) = 2 \cdot \frac{1}{2\sqrt{x}} = \frac{1}{\sqrt{x}}$.

Aufgabe 1: Geben Sie eine Stammfunktion der Funktion f an:

a) $f(x) = x^6$; b) $f(x) = \frac{1}{2}x^4 + x^2$;

c) $f(x) = 2 \cdot \sin x$; d) $f(x) = 1 - \sqrt{x}$.

Wieso liefert der Satz 2.2 das „Handwerkszeug" für die Bestimmung von Flächeninhaltsfunktionen?

Nach Satz 2.2 ist die Flächeninhaltsfunktion $A_a(x)$ einer nicht negativen stetigen Funktion f eine Stammfunktion von f. Aber: Gibt es zu f eine Stammfunktion F, so gibt es unendlich viele Stammfunktionen, denn ist F eine Stammfunktion von f, so auch $F + r$ für jedes $r \in \mathbb{R}$.

Umgekehrt: Sind F und G Stammfunktionen von f, so ist $F' = G' = f$, also $(F - G)' = 0$. Dann ist aber $F - G$ konstant, also $F - G = r$.
Wodurch ist $A_a(x)$ ausgezeichnet unter den unendlich vielen Stammfunktionen von f?
Die Geometrie legt die Forderung $A_a(a) = 0$ nahe.
Ist nun $F(x)$ eine beliebige Stammfunktion von f auf $[a; b]$, so ist $A_a(x) = F(x) - F(a)$, denn genau diese Funktion hat die Eigenschaften $A_a'(x) = f(x)$ und $A_a(a) = 0$.

Satz 2.3: Sei $f: I \to \mathbb{R}$ eine nicht negative stetige Funktion, $a \in I$ und $A_a(x)$ für $x \geqq a$ die Flächeninhaltsfunktion von f zur unteren Grenze a. Dann gilt $A_a(x) = F(x) - F(a)$, wobei $F(x)$ eine beliebige Stammfunktion von f ist.

Damit haben wir das angekündigte Handwerkszeug zur Berechnung von Flächeninhaltsfunktionen der Ordinatenflächen nicht negativer stetiger Funktionen.

Aufgabe 2: Berechnen Sie die Flächeninhaltsfunktionen von f zur unteren Grenze a.

a) $f = \frac{1}{\sqrt{x}}$; $a = 1$ b) $f = x^3 - 6x^2 + 9x$; $a = 2$

c) $f = \frac{1}{x^2}$; $a = 1$ d) $f = x^2 - 2x + 6$; $a = 3$

Aus Satz 2.2 folgt übrigens die für unsere weiteren Überlegungen sehr wichtige Aussage:

Satz 2.4: Jede stetige Funktion hat eine Stammfunktion.

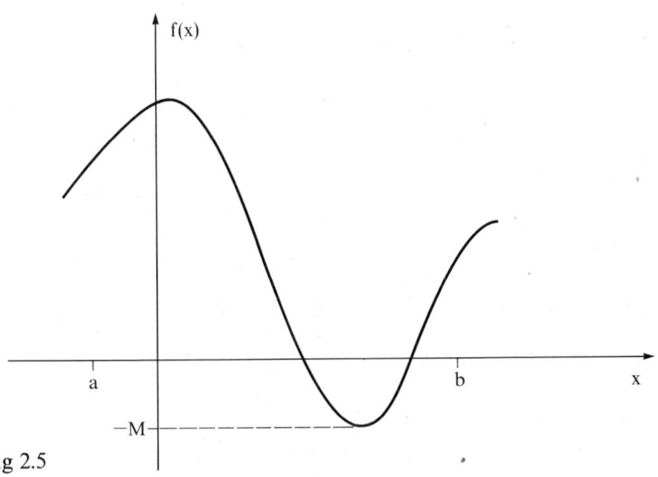

Abbildung 2.5

Beweis (vgl. Abbildung 2.5): Sei f: $[a;b] \to \mathbb{R}$ stetig. Ist $f \geqq 0$, so folgt die Aussage des Satzes aus Satz 2.2, denn dann ist $A_a(x)$ eine Stammfunktion von f auf $[a;b]$.
Nimmt f auch negative Werte an, so sei $f \geqq -M$ auf $[a;b]$. Dann ist $g(x) = f(x) + M \geqq 0$ für alle $x \in [a;b]$. Also hat g eine Stammfunktion G auf $[a;b]$, $G' = g$. Dann ist $F(x) = G(x) - Mx$ eine Stammfunktion von f, denn es ist

$$F'(x) = G'(x) - M = g(x) - M = f(x).$$

Wir haben unsere Betrachtungen bisher auf nicht negative stetige Funktionen beschränkt. Lösen wir uns von dieser Voraussetzung und betrachten wir folgende allgemeine Situation.

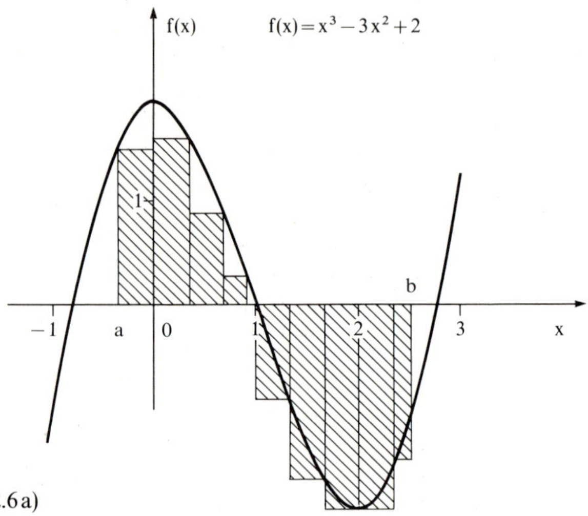

Abbildung 2.6 a)

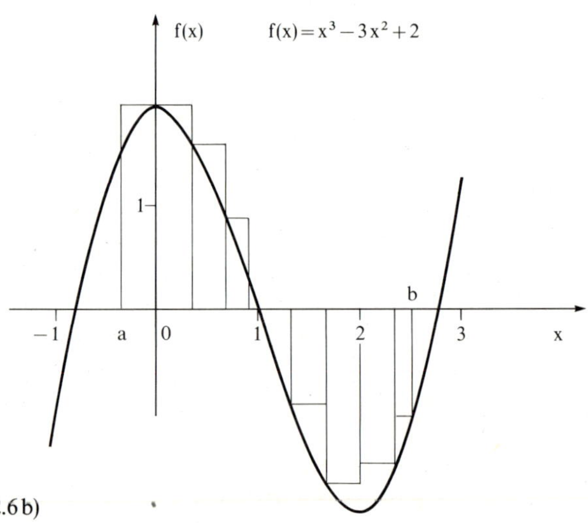

Abbildung 2.6 b)

Auch hier können wir wieder Zerlegungen des Intervalls [a; b] betrachten und Unter- und Obersummen bilden. In der Abbildung 2.6a) ist eine Treppenfigur zur Bildung einer Untersumme, in Abbildung 2.6b) eine Treppenfigur zur Bildung einer Obersumme dargestellt.
Betrachten wir eine Zerlegungsfolge $\langle Z_n \rangle$ des Intervalls, so gilt für die Folgen $\langle s_n \rangle$ und $\langle S_n \rangle$ der zugehörigen Unter- und Obersumme auch hier die Aussage des Satzes 2.1:

Satz 2.1*: Sei f: $[a; b] \to \mathbb{R}$ stetig. Sei $\langle Z_n \rangle$ eine Zerlegungsfolge von [a; b]. Bezeichne δ_n das Maximum der Intervallängen der Teilintervalle von Z_n, also $\delta_n = \max\{|x_k - x_{k-1}|, k = 1, \ldots, n\}$. Es gelte $\lim\limits_{n \to \infty} \delta_n = 0$.
Dann konvergiert die Folge der Untersummen $\langle s_n \rangle$ und die Folge der Obersummen $\langle S_n \rangle$ stets gegen die gleiche Zahl. Die Zahl ist unabhängig von der Form der gewählten Zerlegungsfolge.

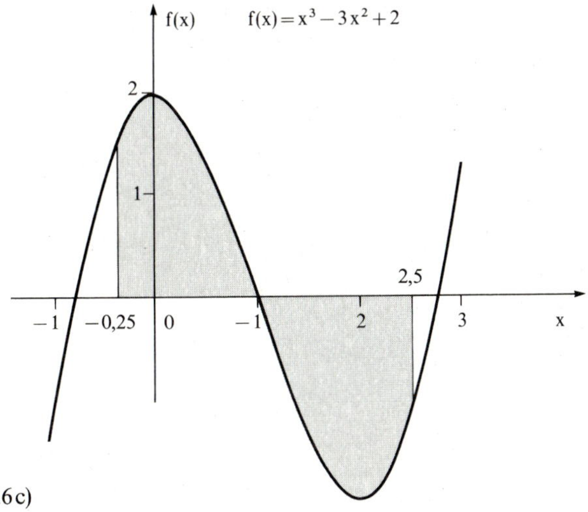

Abbildung 2.6c)

Der nach Satz 2.1* existierende gemeinsame Grenzwert der Folge der Unter- und Obersummen ist aber nicht mehr der Flächeninhalt der in Abbildung 2.6c) grau unterlegten Fläche, wie wir sofort sehen werden. Daher belegt man diesen Grenzwert mit einem eigenen Symbol, das an die Bildung dieses Grenzwertes über Summen erinnern soll. Man verwendet das Zeichen

$$\int_a^b f(x)\,dx \quad \text{oder} \quad \int_a^b f \quad (\textstyle\int \text{ als stilisiertes } \sum)$$

und nennt den Grenzwert das bestimmte Integral von f über [a; b] und f in diesem Zusammenhang **Integrandenfunktion.**

Definition 2.2: Sei f: $[a; b] \to \mathbb{R}$ stetig, $\langle Z_n \rangle$ eine Zerlegungsfolge von $[a; b]$ mit $\lim_{n \to \infty} \delta_n = 0$. Dann heißt der gemeinsame Grenzwert der Folge der Unter- und Obersummen zu $\langle Z_n \rangle$ das bestimmte **Integral** von f über $[a; b]$ – in Zeichen $\int_a^b f(x)\,dx$ oder $\int_a^b f$.

Dieser Grenzwert läßt sich wieder mit Hilfe einer Stammfunktion von f ausrechnen (nach Satz 2.5 hat f als stetige Funktion eine Stammfunktion). Es gilt ein dem Satz 2.3 entsprechender Satz:

Satz 2.3*: Sei f: $[a; b] \to \mathbb{R}$ stetig. Dann gilt

$$\int_a^b f(x)\,dx = F(b) - F(a),$$

wobei F eine Stammfunktion von f auf $[a; b]$ ist. Die Differenz $F(b) - F(a)$ kürzt man auch mit dem Symbol $F(x)]_a^b$ ab.

Für unser Beispiel $f(x) = x^3 - 3x^2 + 2$ erhalten wir nach diesem Satz für $a = -0{,}25$; $b = 2{,}5$:

$$\int_{-0,25}^{2,5} (x^3 - 3x^2 + 2)\,dx = \left(\frac{x^4}{4} - x^3 + 2x\right)\Bigg]_{-0,25}^{2,5} \approx -0{,}86 - (-0{,}48) = \underline{\underline{-0{,}38}}.$$

Das Integral $\int_{-0,25}^{2,5} (x^3 - 3x^2 + 2)\,dx$ kann also kein Flächeninhalt sein, denn negative Flächeninhalte gibt es nicht.

Welche geometrische Bedeutung hat $F(2{,}5) - F(-0{,}25)$?

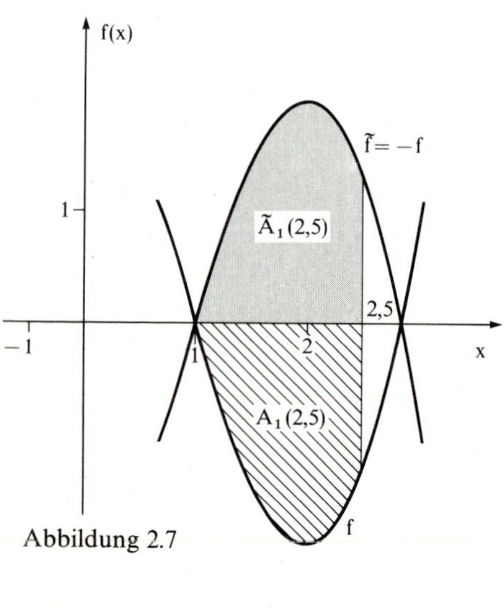

Abbildung 2.7

Es ist (vgl. Abbildung 2.6c)):

$$F(2{,}5) - F(-0{,}25) = F(2{,}5) - F(1) + F(1) - F(-0{,}25).$$

Die geometrische Bedeutung der zweiten Differenz $F(1) - F(-0{,}25)$ kennen wir. Es ist $F(1) - F(-0{,}25) = A_{-0,25}(1)$ der Flächeninhalt der Ordinatenfläche von f über $[-0{,}25; 1]$.

Was ist $F(2{,}5) - F(1)$?

Zur Beantwortung der Frage betrachten wir in Abbildung 2.7 einen Ausschnitt aus Abbildung 2.6c).

Wir spiegeln die Funktion f über $[1; 2{,}5]$ an der x-Achse. Dann erhalten wir den Graphen der Funktion $\tilde{f} = -f$. Ist F eine Stammfunktion von f, so ist $\tilde{F} = -F$ eine Stammfunktion von $\tilde{f} = -f$. Der Flächeninhalt der grau unterlegten Fläche ist nach Satz 2.2:

$$\begin{aligned} \tilde{A}_1(2{,}5) &= \tilde{F}(2{,}5) - \tilde{F}(1) \\ &= -F(2{,}5) - (-F(1)) \\ &= -(F(2{,}5) - F(1)). \end{aligned}$$

Das ist auch der Flächeninhalt $A_1(2{,}5)$ der schraffierten Fläche:

$$A_1(2{,}5) = -(F(2{,}5) - F(1)) = -\int_1^{2{,}5} f(x)\,dx,$$

das Integral $\int_1^{2{,}5} f(x)\,dx$ selbst ist für $f \leqq 0$ nicht positiv.

Damit haben wir die gesuchte geometrische Interpretation von $F(2{,}5) - F(1)$. Es ist $F(2{,}5) - F(1) = -A_1(2{,}5)$ und damit $\int_{-0{,}25}^{2{,}5} f(x)\,dx = F(2{,}5) - F(-0{,}25)$ gleich der Differenz des Flächeninhalts oberhalb der x-Achse und des Flächeninhalts unterhalb der x-Achse auf dem Intervall $[a; b]$:

$$F(2{,}5) - F(-0{,}25) = \underbrace{F(2{,}5) - F(1)}_{-A_1(2{,}5)} + \underbrace{F(1) - F(-0{,}25)}_{A_{-0{,}25}(1)}.$$

Wir müssen im folgenden jetzt sorgfältig unterscheiden zwischen dem Wert $\int_a^b f(x)\,dx = F(b) - F(a)$ und dem Flächeninhalt $A_a(b)$ der von einer Funktion f, der x-Achse und den Senkrechten zur x-Achse durch a und b berandeten Fläche:

Sei $f\colon [a; b] \to \mathbb{R}$ stetig, dann ist

1. $\int_a^b f(x)\,dx = F(b) - F(a)$

2. $$A_a(b) = \begin{cases} \int_a^b f(x)\,dx, & \text{falls } f(x) \geqq 0 \text{ für alle } x \in [a; b] \\ -\int_a^b f(x)\,dx, & \text{falls } f(x) \leqq 0 \text{ für alle } x \in [a; b] \end{cases}$$

   also $A_a(b) = \left|\int_a^b f(x)\,dx\right| = \left|F(x)\big]_a^b\right|$, falls f nicht das Vorzeichen auf $[a; b]$ wechselt.

3. Nimmt f sowohl positive wie negative Werte auf $[a; b]$ an, so berechnet man zur Bestimmung von $A_a(b)$ zunächst die Nullstellen von f auf $[a; b]$. Sind $c_1, \ldots, c_n$ die Nullstellen von f auf $[a; b]$, dann ist

$$A_a(b) = |F(c_1) - F(a)| + |F(c_2) - F(c_1)| + \ldots + |F(b) - F(c_n)|$$

(vgl. Abbildung 2.8).

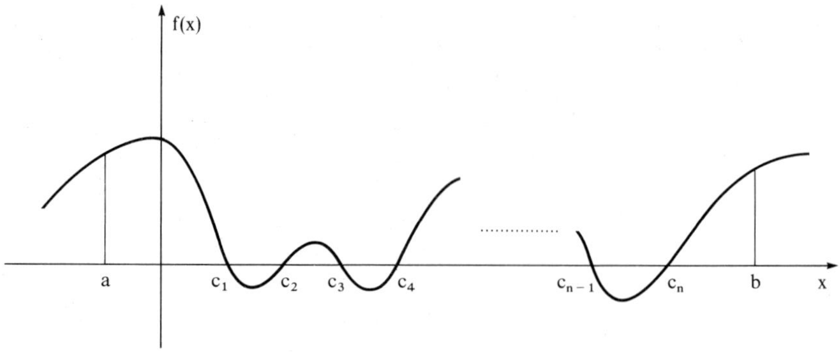

Abbildung 2.8

Wir betrachten Beispiele:

<u>*Beispiel 3*:</u> $f(x) = \cos x$

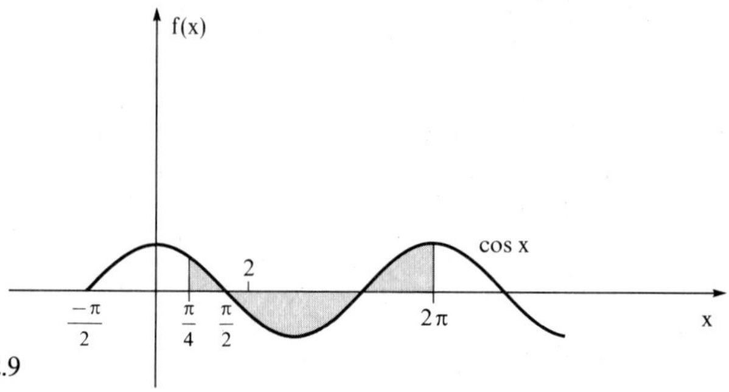

Abbildung 2.9

Eine Stammfunktion von f ist $F(x) = \sin x$.
Dann ist

$$\int_{\frac{\pi}{4}}^{2\pi} \cos x \, dx = \sin x \Big]_{\frac{\pi}{4}}^{2\pi} = \sin 2\pi - \sin \frac{\pi}{4} = 0 - 0{,}707 = -0{,}707.$$

Zur Berechnung des Flächeninhalts der grau unterlegten Fläche $A_{\frac{\pi}{4}}(2\pi)$ benötigen wir die Nullstellen von cos auf $\left[\frac{\pi}{4}; 2\pi\right]$.
Die Nullstellen sind $\frac{\pi}{2}$ und $\frac{3}{2}\pi$.
Also ergibt sich für den Flächeninhalt der grau unterlegten Fläche:

$$\begin{aligned} A_{\frac{\pi}{4}}(2\pi) &= \left|\sin x\Big]_{\frac{\pi}{4}}^{\frac{\pi}{2}}\right| + \left|\sin x\Big]_{\frac{\pi}{2}}^{\frac{3}{2}\pi}\right| + \left|\sin x\Big]_{\frac{3}{2}\pi}^{2\pi}\right| \\ &= \left|\sin \frac{\pi}{2} - \sin \frac{\pi}{4}\right| + \left|\sin \frac{3}{2}\pi - \sin \frac{\pi}{2}\right| + \left|\sin 2\pi - \sin \frac{3}{2}\pi\right| \\ &= 0{,}293 + 2 + 1 = 3{,}293. \end{aligned}$$

Beispiel 4: $f(x)=x^3-5x^2+2x+8$.

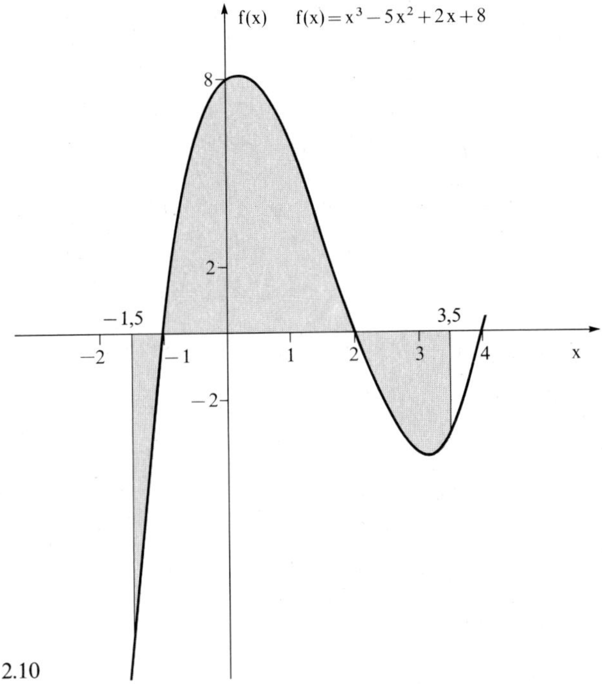

Abbildung 2.10

Eine Stammfunktion von f ist

$$F(x)=\frac{x^4}{4}-\frac{5}{3}x^3+x^2+8x.$$

Dann ist

$$\int_{-1,5}^{3,5} f(x)\,dx=\left(\frac{x^4}{4}-\frac{5}{3}x^3+x^2+8x\right)\Bigg]_{-1,5}^{3,5}=6{,}31-(-2{,}85)=9{,}16$$

Zur Bestimmung des Flächeninhalts $A_{-1,5}(3{,}5)$ der grau unterlegten Fläche benötigen wir die Nullstellen von f auf $[-1{,}5;3{,}5]$. Die Nullstellen sind -1 und 2.

Wir erhalten somit:

$$A_{-1,5}(3{,}5)=|F(-1)-F(-1{,}5)|+|F(2)-F(-1)|+|F(3{,}5)-F(2)|=22{,}34.$$

Aufgabe 3: Berechnen Sie das Integral $\int_a^b f(x)\,dx$ in den Grenzen von a bis b und den Flächeninhalt $A_a(b)$:

a) $f(x)=x^2-9$; $a=-2$, $b=4$.

b) $f(x)=x^4-x^2$; $a=-2$, $b=1$.

c) $f(x)=1-\sqrt{x}$; $a=0$, $b=2$.

Aufgabe 4: Bestimmen Sie die untere bzw. obere Integrationsgrenze des Integrals, so daß die Gleichungen erfüllt sind.

a) $\int_a^3 \frac{x^3}{3}\,dx = 3$ b) $\int_{-1}^b (4x^3 - 8x)\,dx = 0$.

Aufgabe 5: Geben Sie diejenige Stammfunktion von f an, die durch den Punkt $P(x_0|y_0)$ läuft.

a) $f(x) = \frac{x^3}{3}$; $P(x_0|y_0) = (2|3)$.

b) $f(x) = 4x^3 - 8x$; $P(x_0|y_0) = (1|1)$.

Betrachten wir wieder statt der festen Intervallgrenze b eine variable Intervallgrenze, so erhält man durch die Zuordnung $x \to \int_a^x f(t)\,dt$, $a < x \leq b$ eine Funktion, die **Integralfunktion** von f zur unteren Grenze a.
Anstelle von t können auch andere Integrationsvariable (z.B. u, x) benutzt werden. Wenn allerdings x eine Variable für die Integrationsgrenze ist, sollte diese Variable nicht in der Integrandenfunktion f auftreten.

Es ist dann nach Satz 2.3* für $x > a$: $\int_a^x f(t)\,dt = F(x) - F(a)$, wobei F eine Stammfunktion von f ist. Die Integralfunktion ist also eine Stammfunktion von f auf [a; b].
Fassen wir die voraufgegangenen Sätze zusammen, dann haben wir die Aussage des sog. **Hauptsatzes der Differential- und Integralrechnung.**

Satz 2.5: Sei f: [a; b] → ℝ stetig, dann gilt:

(1) Die Integralfunktion $\int_a^x f(t)\,dt$ ist eine Stammfunktion von f auf [a; b];

(2) $\int_a^b f(x)\,dx = F(b) - F(a)$, wobei F eine beliebige Stammfunktion von f auf [a; b] ist.

Wir haben bisher das Integral $\int_a^b f(x)\,dx$ und die Integralfunktion $\int_a^x f(t)\,dt$ nur für $b > a$ bzw. $x > a$ definiert. Wir ergänzen diese Definition um die Definition

Definition 2.3: $\int_a^a f(x)\,dx := 0$.

Diese Definition wird durch die Festsetzung $A_a(a) = 0$ bei nicht negativen stetigen Funktionen nahegelegt (vgl. S. 33).

Ein wichtiger Satz der Integralrechnung ist der Satz von der Intervalladditivität.

Satz 2.6: Sei $f: \mathbb{D}_f \to \mathbb{R}$ stetig. Dann gilt für $a, b, c \in \mathbb{D}_f$, $a < b < c$:

$$\int_a^b f(x)\,dx + \int_b^c f(x)\,dx = \int_a^c f(x)\,dx.$$

Aufgabe 6: Beweisen Sie Satz 2.6.

Dieser Satz zusammen mit Definition 2.3 legt es nahe, das Integral um die folgende Definition zu ergänzen.

Definition 2.4: Sei $f: \mathbb{D}_f \to \mathbb{R}$ stetig, $x_0, x_1 \in \mathbb{D}_f$, $x_0 < x_1$. Dann sei

$$\int_{x_1}^{x_0} f(t)\,dt := -\int_{x_0}^{x_1} f(t)\,dt.$$

Damit können wir uns in Satz 2.6 von der Voraussetzung $a < b < c$ freimachen.

Satz 2.6*: Sei $f: \mathbb{D}_f \to \mathbb{R}$ stetig. Dann gilt für alle $a, b, c \in \mathbb{D}_f$:

$$\int_a^b f(x)\,dx + \int_b^c f(x)\,dx = \int_a^c f(x)\,dx.$$

Der folgende Satz, mit dem wir diesen Abschnitt über Eigenschaften des Integrals beenden, ist nützlich bei Abschätzungen.

Satz 2.7: Sei $f: [a; b] \to \mathbb{R}$ stetig. Dann gilt: Aus $m \leqq f \leqq M$ auf $[a; b]$ folgt

$$m(b-a) \leqq \int_a^b f(x)\,dx \leqq M(b-a).$$

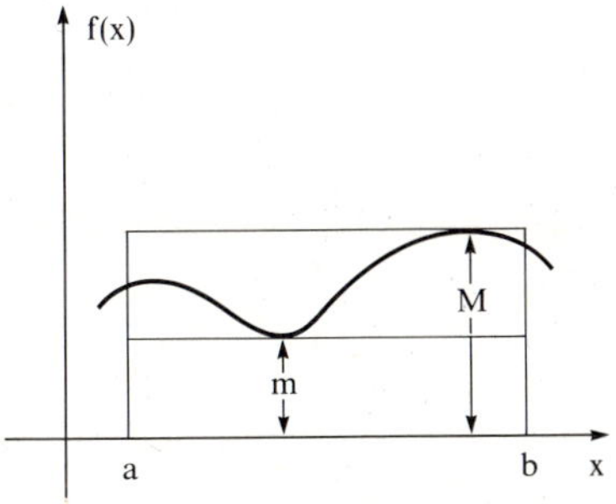

Abbildung 2.11

Ergänzung

Wir haben uns auf die Entwicklung des Integrals für stetige Funktionen beschränkt. Vielleicht ist in Ihrem Unterricht der Integralbegriff allgemeiner für beschränkte Funktionen entwickelt worden. Wir skizzieren die wesentlichen Schritte dieses Unterrichtsganges. Der mit diesem allgemeineren Integralbegriff nicht vertraute Leser kann diese Ergänzung überspringen.

Läßt man die Voraussetzung der Stetigkeit fallen, so gilt der Satz 2.1 nicht mehr. Man kann sehr leicht ein Beispiel für eine Funktion $f\colon [a;b] \to \mathbb{R}$ finden, für die gilt: Für alle Zerlegungsfolgen $\langle Z_n \rangle$ mit $\lim\limits_{n \to \infty} \delta_n = 0$ konvergieren die Folge der Obersummen $\langle S_n \rangle$ und die Folge der Untersummen $\langle s_n \rangle$, aber es ist stets $\lim\limits_{n \to \infty} S_n \neq \lim\limits_{n \to \infty} s_n$.

<u>*Beispiel:*</u> Sei $f\colon [0, 1] \to \mathbb{R}$ definiert durch

$$f(x) = \left\{ \begin{matrix} 1 & \text{für x rational} \\ 2 & \text{für x irrational} \end{matrix} \right\}.$$

Sei $\langle Z_n \rangle$ eine beliebige Zerlegungsfolge, $Z_n = \{0 = x_0, x_1, x_2, \ldots, x_n = 1\}$, von $[0; 1]$ mit $\lim\limits_{n \to \infty} \delta_n = 0$. Rationale und irrationale Zahlen liegen beliebig dicht beieinander. In jedem der Teilintervalle von Z_n liegen also rationale und irrationale Zahlen. Deshalb ist

M_k, das Maximum von f auf $[x_{k-1}; x_k]$, gleich 2 für alle k;
m_k, das Minimum von f auf $[x_{k-1}; x_k]$, gleich 1 für alle k.

Die zu Z_n gehörige Untersumme lautet daher:

$$\begin{aligned} s_n &= 1 \cdot (x_1 - x_0) + 1 \cdot (x_2 - x_1) + \ldots + 1 \cdot (x_n - x_{n-1}) \\ &= x_1 - x_0 + x_2 - x_1 + x_3 - x_2 + \ldots + x_n - x_{n-1} = x_n - x_0 = 1. \end{aligned}$$

Die zu Z_n gehörige Obersumme lautet:

$$\begin{aligned} S_n &= 2 \cdot (x_1 - x_0) + 2 \cdot (x_2 - x_1) + 2 \cdot (x_3 - x_2) + \ldots + 2 \cdot (x_n - x_{n-1}) \\ &= 2 \cdot (x_n - x_0) = 2 \cdot 1 = 2. \end{aligned}$$

Es ist also $\lim\limits_{n \to \infty} S_n = 2$, und $\lim\limits_{n \to \infty} s_n = 1$.

Die beiden Grenzwerte stimmen daher nicht überein.

Die Existenz des Integrals ist somit schon eine besondere Eigenschaft einer Funktion. Man kann sich fragen, unter welchen Voraussetzungen man das Integral einer Funktion bilden kann. Sicher wird man voraussetzen müssen, daß die Funktionen beschränkt sind, denn der Ordinatenfläche einer unbeschränkten Funktion kann kein Flächeninhalt zugeordnet werden.

Sei also $f\colon [a; b] \to \mathbb{R}$ eine auf dem Intervall $[a, b]$ beschränkte Funktion. Ist dann $Z_n = \{a = x_0, x_1, x_2, \ldots, x_n = b\}$ eine Zerlegung des Intervalls, so können wir zu Z_n wieder die „Ober"- und „Untersumme" betrachten, wobei wir diese Begriffe etwas verallgemeinern müssen gegenüber unseren bisherigen Betrachtungen, denn eine nicht stetige Funktion muß auch auf einem abgeschlossenen Intervall kein Maximum oder Minimum haben, was wir bisher bei der Bildung von Ober- und Untersummen benutzt haben.

<u>*Beispiel:*</u> Die Funktion $f\colon [0;1] \to \mathbb{R}$ mit

$$f(x) = \begin{cases} x & \text{für } 0 \leqq x < 1 \\ 0 & \text{für } x = 1 \end{cases}$$

hat auf $[0;1]$ keinen größten Funktionswert.

Die Menge der Funktionswerte einer beschränkten Funktion hat aber auf einem abgeschlossenen Intervall immer ein Infimum und ein Supremum. Dabei versteht man unter dem Supremum, $\sup M$, einer nach oben beschränkten Menge M die kleinste obere Schranke von M.
Unter dem Infimum, $\inf M$, einer nach unten beschränkten Menge M versteht man die größte untere Schranke von M.
Ist nun $Z = \{a = x_0, x_1, \ldots, x_n = b\}$ eine Zerlegung von $[a;b]$ und bezeichnet

m_k das Infimum der Funktionswerte von f auf $[x_{k-1}; x_k]$,
M_k das Supremum der Funktionswerte von f auf $[x_{k-1}; x_k]$,
so heißt

$$s_Z = \sum_{k=1}^{n} m_k (x_k - x_{k-1}) \quad \text{Untersumme von f zur Zerlegung Z,}$$

$$S_Z = \sum_{k=1}^{n} M_k (x_k - x_{k-1}) \quad \text{Obersumme von f zur Zerlegung Z.}$$

Man zeigt dann:

> **Satz E.1:** Ist $f\colon [a;b] \to \mathbb{R}$ beschränkt, so gilt:
> a) Die Menge $U = \{s_Z, Z \text{ Zerlegung von } [a;b]\}$ aller Untersummen von f zu allen möglichen Zerlegungen Z von $[a;b]$ ist nach oben beschränkt.
> b) Die Menge $O = \{S_Z, Z, \text{ Zerlegung von } [a;b]\}$ aller Obersummen von f zu allen möglichen Zerlegungen Z von $[a;b]$ ist nach unten beschränkt.

Die Menge U hat ein Supremum, sup U, und die Menge O ein Infimum, inf O.
Man nennt

inf O das Oberintegral von f unter $[a;b]$ und schreibt

$\inf O = \bar{\int}_a^b f(x)\,dx$, oder auch $\bar{\int}_a^b f$. Statt des Symbols $\bar{\int}_a^b$ schreibt man auch $\overline{\int_a^b}$

und

sup U das Unterintegral von f über $[a;b]$ und schreibt

$$\sup U = \underline{\int}_a^b f(x)\,dx \text{ oder } \underline{\int}_a^b f\text{. Statt des Symbols } \underline{\int}_a^b \text{ schreibt man auch } \underline{\int_a^b}.$$

Da für jede Zerlegung Z des Intervalls [a; b] gilt

$s_Z \leqq S_Z$ folgt $\underline{\int}_a^b f(x)\,dx \leqq \overline{\int}_a^b f(x)\,dx.$

Man definiert nun:

Definition E.1: f heißt integrierbar über [a; b] genau dann, wenn

$$\underline{\int}_a^b f(x)\,dx = \overline{\int}_a^b f(x)\,dx$$

ist.
Den gemeinsamen Wert von Unter- und Oberintegral nennt man das Integral von f über [a; b] und bezeichnet ihn mit

$$\int_a^b f(x)\,dx \quad \text{oder} \quad \int_a^b f.$$

Betrachtet man eine variable Intervallgrenze, so nennt man die Funktion

$$\int_a^x : [a;b] \to \mathbb{R} \quad x \to \int_a^x f(t)\,dt$$

wieder Integralfunktion.
Eine Reihe nicht elementarer Überlegungen führt zu dem folgenden Satz:

Satz E.2: Sei f: [a, b] → ℝ beschränkt. f ist genau dann integrierbar, wenn für jede Zerlegungsfolge $\langle Z_n \rangle$ von [a; b] mit $\lim\limits_{n\to\infty} \delta_n = 0$ die Folgen der zugehörigen Untersummen $\langle s_n \rangle$ und Obersummen $\langle S_n \rangle$ gegen den gleichen Grenzwert konvergieren.

Tatsächlich benötigt man zum Nachweis der Integrierbarkeit weniger als der Satz E.2 fordert. Es gilt:

Satz E.3: Sei f: [a; b] → ℝ beschränkt. f ist genau dann integrierbar, wenn es *eine* Zerlegungsfolge $\langle Z_n \rangle$ von [a; b] mit $\lim\limits_{n\to\infty} \delta_n = 0$ gibt, für die $\lim\limits_{n\to\infty} s_n = \lim\limits_{n\to\infty} S_n$ gilt.

Da der Satz E.2 für stetige Funktionen erfüllt ist (s. Satz 2.1*), liefert uns der Satz E.2 den Anschluß an unsere früheren Betrachtungen für stetige Funktionen.

Satz E.4: Sei f: [a; b] → ℝ stetig, dann ist f integrierbar im Sinne der Definition E.1.

Der Integralbegriff, den wir jetzt entwickelt haben, ist aber allgemeiner: Wir haben bei der Behandlung des Integralbegriffs für stetige Funktionen gezeigt, daß $\int_a^b f(x)\,dx = F(b) - F(a)$ ist, wobei F eine Stammfunktion von f ist. Für die Berechnung von Integralen nicht stetiger Funktionen gilt zwar auch der wichtige Satz:

Satz E.5: Ist f über dem Intervall [a; b] integrierbar $\left(\text{d.h. } \overline{\int_a^b} f(x)\,dx = \underline{\int_a^b} f(x)\,dx\right)$ *und* besitzt sie dort eine Stammfunktion F, so ist $\int_a^b f(x)\,dx = F(b) - F(a)$.

Aber nicht jede integrierbare Funktion muß eine Stammfunktion haben. Eine Klasse nicht notwendig stetiger, aber integrierbarer Funktionen beschreibt der folgende Satz:

Satz E.6: Sei f: $[a; b] \to \mathbb{R}$ beschränkt und monoton. Dann ist f integrierbar auf [a; b] im Sinn der Definition E.1.

Den in Definition E.1 definierten Integralbegriff ergänzt man wieder um die Festsetzung:

$$\int_a^a f(x)\,dx := 0.$$

Das Integral $\int_a^b f(x)\,dx$ ist zunächst wieder nur für den Fall $a < b$ definiert.

Auch hier erweitert man diese Definition um die Festsetzung:

$$\int_b^a f(x)\,dx := -\int_a^b f(x)\,dx.$$

Die vor dem Abschnitt „Ergänzung" entwickelten Sätze über die Intervalladditivität und die Abschätzbarkeit des Integrals gelten auch hier.
Der Satz über die Intervalladdititvität in der Form:

Satz E.7: Ist f auf [a; b] und auf [b; c] integrierbar, dann auch auf [a; c], und es ist

$$\int_a^c f(x)\,dx = \int_a^b f(x)\,dx + \int_b^c f(x)\,dx.$$

Der Satz 2.7 kann wörtlich übernommen werden, wenn man die Forderung der Stetigkeit durch Integrierbarkeit ersetzt:

> **Satz E.8:** Sei $f: [a; b] \to \mathbb{R}$ integrierbar. Dann gilt:
> Aus $m \leqq f \leqq M$ auf $[a; b]$ folgt
> $$m(b-a) \leqq \int_a^b f(x)\,dx \leqq M(b-a).$$

2.2 Integrationsregeln

Zur Berechnung von Integralen haben wir den Hauptsatz der Differential- und Integralrechnung benutzt. Dazu muß man zu gegebenen Funktionen f Stammfunktionen F finden. Im folgenden soll uns dementsprechend das Auffinden von Stammfunktionen beschäftigen. Wir stellen zunächst eine Liste von Funktionen f auf, zu denen wir eine Stammfunktion F angeben können:

f(x)	x^m	$\frac{1}{\sqrt{x}}$	$\frac{1}{x^2}$	$\cos x$	$-\sin x$	$\frac{1}{\cos^2 x}$	$-\frac{1}{\sin^2 x}$
F(x)	$\frac{1}{m+1}x^{m+1}$	$2\sqrt{x}$	$-\frac{1}{x}$	$\sin x$	$\cos x$	$\tan x$	$\cot x$

f(x)	$\frac{1}{\sqrt{1-x^2}}$	$-\frac{1}{\sqrt{1-x^2}}$	$\frac{1}{1+x^2}$	$-\frac{1}{1+x^2}$	e^x	$a^x \cdot \ln a$	$\frac{1}{x}$
F(x)	$\arcsin x$	$\arccos x$	$\arctan x$	$\operatorname{arc\,cot} x$	e^x	a^x	$\ln(\lvert x \rvert)$

Diese Integrale heißen in einigen Schulbüchern **Grundintegrale**. Bei der Bestimmung dieser Grundintegrale muß man sich natürlich vergewissern, daß das Intervall $[a, b]$, über dem integriert werden soll, ganz im Definitionsbereich der „Integrandenfunktion" f liegt, also $[a, b] \subseteq \mathbb{D}_f$.

Eine Bemerkung zur letzten Spalte der obigen Tabelle:

Wir haben im Band 2 (Seite 48) gezeigt, daß $\ln'(x) = \frac{1}{x}$ ist für alle $x > 0$. Wir hätten also eigentlich in die Liste der Grundintegrale dort aufnehmen müssen: $f(x) = \frac{1}{x}$, $F(x) = \ln(x)$. Damit ist uns aber z.B. für die Berechnung $\int_{-4}^{-2} \frac{1}{x}\,dx$

nicht geholfen, denn $\ln(-2)$ ist nicht definiert. Für $x<0$ ist aber $\ln(-x)$ definiert, und es gilt nach der Kettenregel:

$$\ln'(-x)=\frac{1}{-x}\cdot(-1)=\frac{1}{x}.$$

Damit haben wir für $f(x)=\frac{1}{x}$ eine Stammfunktion, nämlich

$$F(x)=\begin{Bmatrix}\ln(x) & \text{falls } x>0\\ \ln(-x), & \text{falls } x<0\end{Bmatrix}.$$

Wegen $|x|=\begin{Bmatrix}x, & \text{falls } x>0\\ -x, & \text{falls } x<0\end{Bmatrix}$ erhalten wir also als Stammfunktion von $f(x)=\frac{1}{x}$ die Funktion $F(x)=\ln(|x|)$, und das ist die in der letzten Spalte der obigen Liste aufgeschriebene Stammfunktion. Bei der Bildung des Integrals $\int\limits_a^b \frac{1}{x}\,dx$ müssen die Integrationsgrenzen a und b gleiches Vorzeichen haben, da sonst 0 im Integrationsintervall $[a;b]$ liegt, wo $\frac{1}{x}$ gar nicht definiert ist.

Das Bestimmen einer Stammfunktion ist eine „Umkehrung“ des Differenzierens; Regeln zur Bestimmung einer Stammfunktion erhält man aus den Regeln zum Differenzieren. Insbesondere gibt es hier auch Summen- und Faktorregeln:

Satz 2.8: Faktorregel
Ist f eine über dem Intervall $[a;b]$ stetige Funktion, so gilt für alle $c\in\mathbb{R}$

$$\int\limits_a^b c\cdot f(x)\,dx=c\cdot\int\limits_a^b f(x)\,dx.$$

<u>*Beispiel 5:*</u> $\int\limits_4^{16}\frac{3}{2\sqrt{x}}\,dx=\frac{3}{2}\int\limits_4^{16}\frac{1}{\sqrt{x}}\,dx=\frac{3}{2}\cdot(2\cdot\sqrt{x})\Big]_4^{16}=6.$

Die Faktorregel ist der eigentliche mathematische Hintergrund für die erste Angabe in der Liste der Grundintegrale: Als Ableitungsfunktion einer Potenzfunktion $F(x)=x^n$ hatten wir $f(x)=n\cdot x^{n-1}$ bestimmt. Damit ergibt sich $\int\limits_a^b n\cdot x^{n-1}\,dx=x^n\Big]_a^b$. Nach unserer Liste und dem Satz 2.8 ergibt sich das gleiche:

$$\int\limits_a^b n\cdot x^{n-1}\,dx=n\int\limits_a^b x^{n-1}\,dx=n\left(\frac{1}{(n-1)+1}\,x^{(n-1)+1}\right)\Bigg]_a^b=x^n\Big]_a^b.$$

Aufgabe 7: Wir hatten entwickelt:

a) $F(x)=\sqrt{x} \Rightarrow F'(x)=f(x)=\frac{1}{2\sqrt{x}}$. b) $F(x)=\frac{1}{x} \Rightarrow F'(x)=f(x)=-\frac{1}{x^2}$.

Entwickeln Sie daraus die zweite und dritte Angabe der Liste.

Satz 2.9: Summenregel

Sind zwei Funktionen f_1 und f_2 integrierbar über dem Intervall $[a; b]$, so gilt:

$$\int_a^b \left(f_1(x)+f_2(x)\right) dx = \int_a^b f_1(x)\,dx + \int_a^b f_2(x)\,dx.$$

Beispiel 6:

$$\int_1^4 \left(2x+\frac{3}{2\sqrt{x}}\right) dx = \int_1^4 2x\,dx + \int_1^4 \frac{3}{2\sqrt{x}}\,dx = x^2\Big]_1^4 + 3\cdot(\sqrt{x})\Big]_1^4.$$

Die Grundintegrale gestatteten es schon, eine Reihe von Integralen zu berechnen. Mit Hilfe der Sätze 2.8 und 2.9 können wir nun die Liste der berechenbaren Integrale mächtig erweitern; beispielsweise kann nun jedes Integral einer ganzrationalen Funktion $f(x)=P_n(x)$ mit

$$P_n(x)=a_n x^n + a_{n-1} x^{n-1} + \ldots + a_2 x^2 + a_1 x + a_0$$

berechnet werden. Es ist

$$\int_a^b P_n(x)\,dx = \left(\frac{1}{n+1} a_n x^{n+1} + \frac{1}{n} a_{n-1} x^n + \ldots + \frac{1}{3} a_2 x^3 + \frac{1}{2} a_1 x^2 + a_0 x\right)\Bigg]_a^b.$$

Aber nicht nur Integrale ganzrationaler Funktionen können mit Hilfe der Sätze 2.8 und 2.9 berechnet werden, sondern auch Integrale über Funktionen, deren Funktionsterme sich als Summe darstellen lassen, deren Summanden sich in der Liste der Grundintegrale finden lassen.

Beispiel 7: Bestimmen Sie $\int_1^2 \frac{3x^4+4x^3+8x^2+4x+6}{x^2+1}\,dx$.

Hier legt schon der Nenner x^2+1 nahe, den Funktionsterm der Integrandenfunktion als Summenterm einer ganzrationalen Funktion und einer echt gebrochenrationalen Funktion zu schreiben, denn zu $f(x)=\frac{1}{1+x^2}$ kennen wir eine Stammfunktion: $F(x)=\arctan(x)$. Die Polynomdivision mit Rest (vgl. Band 1) ergibt

$$\frac{3x^4+4x^3+8x^2+4x+6}{x^2+1} = 3x^2+4x+5+\frac{1}{x^2+1},$$

also

$$\int_1^2 \frac{3x^4+4x^3+8x^2+4x+6}{x^2+1}\,dx = \int_1^2 (3x^2+4x+5)\,dx + \int_1^2 \frac{1}{x^2+1}\,dx$$
$$= 18 + \arctan(2) - \arctan(1) \approx 18{,}321\,751.$$

Aufgabe 8: Bestimmen Sie folgende Integrale:

a) $\int_2^4 (2x^2+3x-4)\,dx$ b) $\int_{-1}^1 (1-x^3)^2 \cdot x^2\,dx$

c) $\int_1^2 (x^2+3)\cdot 2x^3\,dx$ d) $\int_{0,5}^{1,5} \frac{6x^3+5x^2+1}{x^2}\,dx$

Die Kunst des Integrierens besteht darin, den Term der Integrandenfunktion so umzuschreiben, daß man in ihm schon integrierbare Teilfunktionen wiederentdeckt, womöglich gar Grundintegrale, deren Wert man dann elementar berechnen kann. Gelingt dieses nicht vollständig, muß man die noch nicht berechenbare Teilfunktion weiter behandeln.

Produktintegration oder partielle Integration

Die Produktregel der Differentialrechnung erlaubte die Bildung der Ableitungsfunktion einer Produktfunktion $F(x)=u(x)\cdot v(x)$. Wir hatten gezeigt $F'(x)=(u(x)\cdot v(x))'=u(x)\cdot v'(x)+u'(x)\cdot v(x)$. Damit ergibt sich für die Integration:

$$\int_a^b F'(x)\,dx = \int_a^b u(x)\cdot v'(x)\,dx + \int_a^b u'(x)\cdot v(x)\,dx,$$

wegen $\int_a^b F'(x)\,dx = F(x)\Big]_a^b = u(x)\cdot v(x)\Big]_a^b$ also

$$u(x)\cdot v(x)\Big]_a^b = \int_a^b u(x)\cdot v'(x)\,dx + \int_a^b u'(x)\cdot v(x)\,dx$$

und damit der Satz:

> **Satz 2.10:** Sind u und v zwei über [a; b] differenzierbare Funktionen und u′ und v′ stetig auf [a; b], so gilt
>
> $$\int_a^b u(x)\cdot v'(x)\,dx = u(x)\cdot v(x)\Big]_a^b - \int_a^b u'(x)\cdot v(x)\,dx.$$

Die Anwendung dieser Regel nennt man „partielle Integration“, um anzudeuten, daß ein Restintegral $\int_a^b u'(x)\,v(x)\,dx$ bleibt, man integriert eben nur teilweise, partiell. Dieses Restintegral kann man entweder als Grundintegral schon behandeln, oder man muß es weiter untersuchen.

Beispiel 8 (vgl. Aufgabe 8c): $\int_1^2 (x^2+3)\cdot 2x^3\,dx$

Wir setzen $u(x)=x^2+3$, $v'(x)=2x^3$. Dann ist $u'(x)=2x$, $v(x)=\frac{1}{2}x^4$. Wir erhalten nach Satz 2.10:

$$\int_1^2 (x^2+3)\,2x^3\,dx=(x^2+3)\cdot\frac{1}{2}x^4\Big]_1^2-\int_1^2 2x\cdot\frac{1}{2}x^4\,dx$$

$$=(x^2+3)\cdot\frac{1}{2}x^4\Big]_1^2-\left(\frac{1}{6}x^6\right)\Big]_1^2=54-\frac{63}{6}=43{,}5.$$

Während man hier das Verfahren der partiellen Integration noch durch Ausmultiplizieren der Integrandenfunktion umgehen kann, muß man in den nächsten Beispielen wirklich partiell integrieren:

Beispiel 9: $\int_0^{\frac{\pi}{2}} x\cdot\cos\,dx$

Wir setzen $u(x)=x$, $v'(x)=\cos x$. Dann ist $u'(x)=1$, $v(x)=\sin x$. Nach Satz 2.10 erhalten wir:

$$\int_0^{\frac{\pi}{2}} x\cdot\cos x\,dx=x\cdot\sin x\Big]_0^{\frac{\pi}{2}}-\int_0^{\frac{\pi}{2}} 1\cdot\sin x\,dx=x\cdot\sin x\Big]_0^{\frac{\pi}{2}}+\cos x\Big]_0^{\frac{\pi}{2}}$$

$$=(x\sin x+\cos x)\Big]_0^{\frac{\pi}{2}}=\frac{\pi}{2}\cdot 1-1\approx 0{,}5708.$$

Die Entscheidung, welche der beiden in dem Produkt auftretenden Funktionen man als $u(x)$ wählt und welche als $v'(x)$, ist ausschlaggebend für den Erfolg der Integration. Setzt man im obigen Beispiel 9 $u(x)=\cos x$ und $v'(x)=x$, so erhält man

$$\int_0^{\frac{\pi}{2}} x\cos x\,dx=(\cos x)\cdot\frac{1}{2}x^2\Big]_0^{\frac{\pi}{2}}+\int_0^{\frac{\pi}{2}}(\sin x)\cdot\frac{1}{2}x^2\,dx.$$

Man hat also nichts gewonnen, da man $\int_0^{\frac{\pi}{2}}(\sin x)\frac{1}{2}x^2\,dx$ nicht kennt.

Beispiel 10: $\int_{\frac{\pi}{2}}^{\pi} x^2\sin x\,dx$

Bei der Berechnung von Integralen der Form $\int_a^b x^n f(x)\,dx$ wird gern als $u(x)$

die Potenzfunktion x^n gewählt, da dann im Restintegral des Satzes 2.10 die Potenzfunktion um einen Grad niedriger ist.
Wir setzen $u(x)=x^2$, $v'(x)=\sin x$. Dann ist $u'(x)=2x$ und $v(x)=-\cos x$, und wir erhalten nach Satz 2.10 mit Beispiel 9:

$$\int_{\frac{\pi}{2}}^{\pi} x^2 \sin x \, dx = x^2 \cdot (-\cos x)\Big]_{\frac{\pi}{2}}^{\pi} - \int_{\frac{\pi}{2}}^{\pi} 2x \cdot (-\cos x) \, dx$$

$$= -x^2 \cos x\Big]_{\frac{\pi}{2}}^{\pi} + 2\int_{\frac{\pi}{2}}^{\pi} x \cos x \, dx$$

$$= -x^2 \cos x\Big]_{\frac{\pi}{2}}^{\pi} + 2(x \cdot \sin x + \cos x)\Big]_{\frac{\pi}{2}}^{\pi}$$

$$= \pi^2 + 2\left(-1 - \frac{\pi}{2}\right) = \pi^2 - \pi - 2.$$

Hier führte also die partielle Integration auf ein Restintegral, das schon behandelt werden konnte. Eine etwas andere Vorgehensweise ist bei den nächsten Beispielen nötig.

Beispiel 11: $\int_0^{\pi} \sin^2 x \, dx$

Um hier den Satz 2.10 anwenden zu können, schreiben wir zunächst die Integrandenfunktion als Produkt: $\sin^2 x = \sin x \cdot \sin x$. Wir setzen $u(x)=\sin x$, $v'(x)=\sin x$. Dann ist $u'(x)=\cos x$, $v(x)=-\cos x$, und wir erhalten nach Satz 2.10:

$$\int_0^{\pi} \sin x \cdot \sin x \, dx = (-\sin x \cos x)\Big]_0^{\pi} + \int_0^{\pi} \cos^2 x \, dx.$$

Aufgabe 9: Bestätigen Sie, daß durch analoge Behandlung des Restintegrals sich die nicht weiterführende Beziehung

$$\int_0^{\pi} \sin^2 x \, dx = \int_0^{\pi} \sin^2 x \, dx \quad \text{ergibt.}$$

Zur weiteren Behandlung des Beispiels 11 ist also eine andere Vorgehensweise nötig. Wir erinnern uns: $\cos^2 x = 1 - \sin^2 x$. Daraus folgt:

$$\int_0^{\pi} \sin^2 x \, dx = (-\sin x \cos x)\Big]_0^{\pi} + \int_0^{\pi} (1 - \sin^2 x) \, dx$$

$$= (-\sin x \cos x)\Big]_0^{\pi} + \int_0^{\pi} 1 \, dx - \int_0^{\pi} \sin^2 x \, dx$$

$$= (-\sin x \cos x + x)\Big]_0^{\pi} - \int_0^{\pi} \sin^2 x \, dx.$$

Dieses Restintegral ist nun genau das Integral, das wir bestimmen wollten, und da es hier mit dem Minuszeichen auftritt, liefert die letzte Gleichung:

$$2\cdot\int_0^\pi \sin^2 x\,dx=(-\sin x\cos x+x)\Big]_0^\pi$$

$$\Leftrightarrow \int_0^\pi \sin^2 dx=\frac{1}{2}(-\sin x\cos x+x)\Big]_0^\pi=\frac{1}{2}(\pi-0)=\frac{\pi}{2}.$$

<u>*Beispiel 12:*</u> $\int_0^\pi e^x\cdot\sin x\,dx$

Wir setzen $u(x)=\sin x$, $v'(x)=e^x$. Dann ist $u'(x)=\cos x$ und $v(x)=e^x$, und wir erhalten nach Satz 2.10

$$\int_0^\pi e^x\cdot\sin x\,dx=((\sin x)\cdot e^x)\Big]_0^\pi-\int_0^\pi(\cos x)\cdot e^x\,dx.$$

Zur Berechnung des Restintegrals setzen wir $u(x)=\cos x$ und $v'(x)=e^x$. Dann ist $u'(x)=-\sin x$ und $v(x)=e^x$, und wir erhalten nach Satz 2.10:

$$\int_0^\pi e^x\cdot\sin x\,dx=(\sin x\cdot e^x)\Big]_0^\pi-\left((\cos x\cdot e^x)\Big]_0^\pi+\int_0^\pi \sin x\,e^x\,dx\right)$$

$$=(\sin x\cdot e^x-\cos x\cdot e^x)\Big]_0^\pi-\int_0^\pi e^x\sin x\,dx$$

und wie in Beispiel 11

$$\int_0^\pi e^x\cdot\sin x\,dx=\frac{1}{2}(\sin x\cdot e^x-\cos x\cdot e^x)\Big]_0^\pi=\frac{1}{2}(e^\pi+1).$$

<u>*Beispiel 13:*</u> $\int_1^e \ln x\,dx$

Um hier den Satz 2.10 anwenden zu können, schreiben wir

$$\ln x=1\cdot\ln x,\quad \text{also}\quad \int_1^e \ln x\,dx=\int_1^e 1\cdot\ln x\,dx.$$

Mit $u(x)=\ln x$, $v'(x)=1$ ist dann $u'(x)=\frac{1}{x}$ und $v(x)=x$, und wir erhalten nach Satz 2.10

$$\int_1^e \ln x\,dx=x\cdot\ln x\Big]_1^e-\int_1^e\frac{1}{x}\cdot x\,dx=(x\cdot\ln x-x)\Big]_1^e$$

$$=x\cdot(\ln x-1)\Big]_1^e=e(\ln e-1)-(\ln 1-1)$$

$$=e(1-1)-(0-1)=1.$$

Mit Hilfe der partiellen Integration erhält man auch sogenannte **Rekursionsformeln für Integrale**.

<u>*Beispiel 14:*</u> $\int_0^1 x^n \cdot e^x \, dx, \quad n \in \mathbb{N}$

Wir setzen $u(x) = x^n$, $v'(x) = e^x$. Dann ist $u'(x) = n x^{n-1}$ und $v(x) = e^x$, und wir erhalten mit Satz 2.10

$$\int_0^1 x^n e^x \, dx = (x^n \cdot e^x)\Big]_0^1 - n \int_0^1 x^{n-1} \cdot e^x \, dx.$$

Mit Hilfe dieser Formel kann man also, beginnend mit

$$n=0: \quad \int_0^1 x^0 \cdot e^x \, dx = \int_0^1 1 \cdot e^x \, dx = e^x\Big]_0^1 = e - 1,$$

sukzessive alle Integrale der Form $\int_0^1 x^n \cdot e^x \, dx$ bestimmen:

$$n=1: \quad \int_0^1 x^1 \cdot e^x \, dx = x^1 \cdot e^x\Big]_0^1 - 1 \cdot \int_0^1 x^0 e^x \, dx = 1 \cdot e - 1 \cdot (e-1) = 1$$

$$n=2: \quad \int_0^1 x^2 \cdot e^x \, dx = x^2 \cdot e^x\Big]_0^1 - 2 \cdot \int_0^1 x^1 \cdot e^x \, dx = e - 2$$

$$\vdots \qquad\qquad\qquad\qquad \vdots$$

Weitere solche Rekursionsformeln finden Sie in Formelsammlungen, zwei geben wir hier noch an:

$$\int_0^1 (1-x^2)^n \, dx = \frac{2n}{2n+1} \cdot \int_0^1 (1-x^2)^{n-1} \, dx;$$

$$\int_0^{\frac{\pi}{2}} \sin^n x \, dx = \frac{n-1}{n} \int_0^{\frac{\pi}{2}} \sin^{n-1} x \, dx.$$

Integration durch Substitution

Eine weitere wichtige Integrationsmethode erhält man aus der Kettenregel der Differentialrechnung.

<u>*Beispiel 15:*</u> $\int_0^1 (1+x^3)^2 \cdot 3x^2 \, dx$

Die Funktion $f(x) = (1+x^3)^2$ läßt sich auffassen als Verkettung der Funktionen $f(u) = u^2$ und $u = g(x) = (1+x^3)$. Eine Stammfunktion von $f(u) = u^2$ ist

$F(u)=\frac{1}{3}u^3$. Die Funktion $F(g(x))=\frac{1}{3}(1+x^3)^3$ ist eine Stammfunktion von $f(g(x))\cdot g'(x)$. Nach der Kettenregel ist

$$[F(g(x))]'=3\cdot\frac{1}{3}\cdot(1+x^3)^2\cdot(3x^2).$$

Damit gilt aber auch

$$\int_0^1 f(g(x))\cdot g'(x)\,dx=F(g(x))\Big]_0^1=F(g(1))-F(g(0))=F(u)\Big]_{g(0)}^{g(1)}=\int_{g(0)}^{g(1)} f(u)\,du,$$

in unserem Beispiel also:

$$\int_0^1 (1+x^3)^2\,3x^2\,dx=\frac{1}{3}(1+x^3)^3\Big]_0^1=\frac{1}{3}\cdot 8-\frac{1}{3}\cdot 1=\frac{7}{3}$$

und

$$\int_{1+0^3}^{1+1^3} u^2\,du=\frac{1}{3}u^3\Big]_{1+0^3}^{1+1^3}=\frac{1}{3}(1+1^3)^3-\frac{1}{3}(1+0^3)^3=\frac{7}{3}.$$

Die Bedingungen, unter denen die Gleichheit der Integrale

$$\int_a^b f(g(x))\cdot g'(x)\,dx \quad \text{und} \quad \int_{g(a)}^{g(b)} f(u)\,du$$

gilt, gibt folgender Satz an, die sogenannte **Substitutionsregel der Integralrechnung**.

Satz 2.11: 1. Fassung der Substitutionsregel der Integralrechnung
Ist $g\colon [a, b]\to\mathbb{R}$ eine im Intervall $[a, b]$ differenzierbare Funktion, deren Ableitungsfunktion g' auf $[a, b]$ stetig ist und ist $f\colon [g(a), g(b)]\to\mathbb{R}$ eine stetige Funktion, so gilt:

$$\int_a^b f(g(x))\cdot g'(x)\,dx=\int_{g(a)}^{g(b)} f(u)\,du$$

mit $u=g(x)$.

Bemerkung: Unter den Voraussetzungen dieses Satzes erhält man folgende Gleichungskette:

$$\int_a^b f(g(x))\cdot g'(x)\,dx=F(g(x))\Big]_a^b=F(g(b))-F(g(a))=F(u)\Big]_{g(a)}^{g(b)}$$

$$=\int_{g(a)}^{g(b)} f(u)\,du.$$

Dieser Satz 2.11 gestattet es zunächst, für eine weitere Klasse von Funktionen Integrale zu berechnen.

Beispiel 16: Beim Integral $\int_1^2 \sqrt{x^2-x}\cdot(2x-1)\,dx$ erkennt man wieder, daß der Faktor $(2x-1)$ gerade die Ableitung der „inneren" Funktion x^2-x ist. Also substituiert man $u=g(x)=x^2-x$ und erhält

$$\int_1^2 \sqrt{x^2-x}\cdot(2x-1)\,dx=\int_{1^2-1}^{2^2-2}\sqrt{u}\,du=\frac{2}{3}\sqrt{u^3}\Big]_0^2=\frac{2}{3}\sqrt{8}.$$

In diesem Beispiel hätte man auch ohne Umrechnung der Integrationsgrenzen durch „Rücksubstitution" weiterrechnen können:

$$\int_1^2 \sqrt{x^2-x}\cdot(2x-1)\,dx=\int_{g(1)}^{g(2)}\sqrt{u}\,du=\frac{2}{3}\sqrt{u^3}\Big]_{g(1)}^{g(2)}=\frac{2}{3}\sqrt{(x^2-x)^3}\Big]_1^2=\frac{2}{3}\sqrt{8}.$$

Beispiel 17: $\int_0^3 \sqrt{1+x^2}\cdot 2x\,dx$. Mit $u=g(x)=1+x^2$ ergibt sich:

$$\int_0^3 \sqrt{1+x^2}\cdot 2x\,dx=\int_{g(0)}^{g(3)}\sqrt{u}\,du=\frac{2}{3}\sqrt{u^3}\Big]_{g(0)}^{g(3)}=\frac{2}{3}\sqrt{(1+x^2)^3}\Big]_0^3=\frac{2}{3}\sqrt{1000}-\frac{2}{3}.$$

Manchmal reicht eine leichte Umformung des gegebenen Integrals:

Beispiel 18: $\int_{-1}^{1}(1-x^3)^2\cdot x^2\,dx$. Wir substituieren $u=g(x)=1-x^3$. Damit ist $f(g(x))\,g'(x)=(1-x^3)^2\cdot(-3x^2)$. Im Term der Integrandenfunktion kann $g'(x)=(-3x^2)$ entdeckt werden, wenn wir mit (-3) erweitern und die Faktorregel der Integralrechnung anwenden:

$$\begin{aligned}\int_{-1}^{1}(1-x^3)^2\cdot x^2\,dx&=\int_{-1}^{1}\frac{(1-x^3)^2\cdot x^2\cdot(-3)}{(-3)}\,dx\\&=\left(-\frac{1}{3}\right)\cdot\int_{-1}^{1}(1-x^3)^2\cdot(-3x^2)\,dx\\&=\left(-\frac{1}{3}\right)\cdot\int_{g(-1)}^{g(1)}u^2\,du=\left(-\frac{1}{3}\right)\cdot\frac{1}{3}\cdot u^3\Big]_{g(-1)}^{g(1)}\\&=\left(-\frac{1}{3}\right)\cdot\frac{1}{3}\cdot(1-x^3)^3\Big]_{-1}^{1}=\left(-\frac{1}{9}\right)\cdot(0-8)=\frac{8}{9}.\end{aligned}$$

Die Substitutionsregel läßt sich leicht anwenden auf Integrale, bei denen die Integrandenfunktion in der Form $f(g(x))\cdot g'(x)$ vorliegt, also das Produkt einer Verkettung von Funktionen $f(g(x))$ und der „inneren" Ableitung $g'(x)$ ist. Wir geben hier noch einmal das Schema an, nach dem wir in diesen Fällen rein formal vorgehen können, und verdeutlichen dieses Schema durch die *kursiv* angegebenen Ausführungen aus Beispiel 17:

		im Beispiel 17
1)	Wähle eine Substitutionsgleichung $u=g(x)$.	$u=g(x)=1+x^2$
2)	Ersetze $f(g(x))$ durch $f(u)$.	$1+x^2 \rightarrow u$
3)	Ersetze $g'(x)\,dx$ durch du.	$2x\,dx \rightarrow du$
4)	Ändere die Integrationsgrenzen: $a \rightarrow g(a)$,	$0 \rightarrow 1+0^2$
	$b \rightarrow g(b)$.	$3 \rightarrow 1+3^2$

Häufiger allerdings muß man Integrale bestimmen, bei denen die Integrandenfunktion nicht diese Form erkennen läßt.

Beispiel 19: $\int\limits_2^{10} \frac{x}{\sqrt{2x+5}}\,dx$. Bei diesem Beispiel läßt die Integrandenfunktion $f(x)=\frac{x}{\sqrt{2x+5}}$ nicht die Form eines Produkts wie in den vorausgegangenen Beispielen erkennen. Um auch auf solche Funktionen die Substitutionsregel anwenden zu können, muß man eine etwas andere Form dieses Satzes wählen:

Satz 2.12: 2. Fassung der Substitutionsregel der Integralrechnung
Ist f eine im Intervall $[a; b]$ stetige und h eine in dem Intervall $[h^{-1}(a); h^{-1}(b)]$ differenzierbare und umkehrbare Funktion, deren Ableitungsfunktion h' stetig ist, so gilt:

$$\int\limits_a^b f(x)\,dx = \int\limits_{h^{-1}(a)}^{h^{-1}(b)} f(h(z))\cdot h'(z)\,dz$$

mit $h(z)=x$.

Überlegen wir, ob wir diesen Satz auf $\int\limits_2^{10} \frac{x}{\sqrt{2x+5}}\,dx$ anwenden können:

Wir wählen eine Substitutionsgleichung $x=h(z)$, die es ermöglicht, $\int\limits_2^{10} \frac{x}{\sqrt{2x+5}}\,dx$ in der Form $\int\limits_{z_a}^{z_b} f(h(z))\cdot h'(z)\,dz$ darzustellen. Mit dem Ansatz $z=2x+5$ erhalten wir $x=h(z)=0{,}5(z-5)$ und $h'(z)=0{,}5$. Damit gilt $\sqrt{2x+5}=\sqrt{z}$ und nach Satz 2.12:

$$\int\limits_2^{10} \frac{x}{\sqrt{2x+5}}\,dx = \int\limits_{z_a}^{z_b} \frac{h(z)}{\sqrt{2h(z)+5}}\cdot 0{,}5\,dz = \int\limits_{z_a}^{z_b} \frac{0{,}5(z-5)}{\sqrt{z}}\cdot 0{,}5\,dz.$$

Nun müssen wir noch die Integrationsgrenzen verändern. Nehmen wir den Satz 2.11, so sehen wir, daß $h(z_a)=2$ und $h(z_b)=10$ gelten muß und damit

$z_a = h^{-1}(2)$ und $z_b = h^{-1}(10)$. Dieses ist auch genau die entsprechende Aussage in Satz 2.12. Mit $h^{-1}(x) = 2 \cdot x + 5$ gilt:

$$\int_2^{10} \frac{x}{\sqrt{2x+5}}\,dx = \int_{2\cdot 2+5}^{2\cdot 10+5} \frac{0{,}5(z-5)}{\sqrt{z}} \cdot 0{,}5\,dz.$$

Dieses Integral können wir nun bestimmen:

$$\int_9^{25} \frac{0{,}5(z-5)}{\sqrt{z}} \cdot 0{,}5\,dz = 0{,}25 \cdot \int_9^{25} \frac{z-5}{\sqrt{z}}\,dz = 0{,}25 \cdot \int_9^{25} \left(\sqrt{z} - 5\frac{1}{\sqrt{z}}\right) dz$$

$$= \frac{1}{4} \cdot \left(\frac{2}{3} \cdot \sqrt{z^3}\right)\Bigg]_9^{25} - \frac{5}{4} \cdot (2\sqrt{z})\Big]_9^{25} = 11\,\frac{1}{3}.$$

Wir wollen auch das rein formale Vorgehen bei der Anwendung des Satzes 2.12 in einem Schema festhalten und an den Umformungen bei der Behandlung des Beispiels 19 noch einmal verdeutlichen:

	im Beispiel 19
1) Wähle eine Substitutionsgleichung $x = h(z)$.	$x = h(z) = 0{,}3\,(z-5)$
2) Ersetze $f(x)$ durch $f(h(z))$.	$x \to 0{,}5\,(z-5)$
3) Ersetze dx durch $h'(z)\,dz$.	$dx \to 0{,}5 \cdot dz$
4) Ändere die Integrationsgrenzen: $a \to h^{-1}(a)$,	$2 \to 2 \cdot 2 + 5$
$b \to h^{-1}(b)$.	$10 \to 2 \cdot 10 + 5$

Die erfolgreiche Anwendung dieses Schemas hängt ab von der richtigen Wahl einer geeigneten Substitutionsgleichung. Eine solche zu finden, braucht es Erfahrung und Geschick (evtl. auch ein Quentchen Glück).
Üben wir dieses Schema an weiteren Beispielen:

Beispiel 20:

$$\int_0^2 \frac{2x+1}{(3x+1)^3}\,dx$$

$$= \int_1^7 \frac{2 \cdot \frac{1}{3} \cdot (z-1) + 1}{z^3} \cdot \frac{1}{3}\,dz$$

$$= \frac{1}{3} \cdot \int_1^7 \frac{\frac{2}{3}z + \frac{1}{3}}{z^3}\,dz = \frac{2}{9} \cdot \int_1^7 \frac{1}{z^2}\,dz + \frac{1}{9} \cdot \int_1^7 \frac{1}{z^3}\,dz$$

$$= \frac{2}{9} \cdot \left(-\frac{1}{z}\right)\Bigg]_1^7 + \frac{1}{9} \cdot \left(-\frac{1}{2} \cdot \frac{1}{z^2}\right)\Bigg]_1^7$$

$$= \frac{4}{21} + \frac{8}{147} = \frac{12}{49}.$$

1) $z = 3x + 1$,
   also $h(z) = \frac{1}{3}(z-1)$

2) $x \to \frac{1}{3}(z-1)$, $3x + 1 \to z$

3) $dx \to \frac{1}{3}\,dz$

4) $0 \to 3 \cdot 0 + 1$; $2 \to 3 \cdot 2 + 1$

<u>*Beispiel 21:*</u>

1) $z=\cos(x)$, also $h(z)=\arccos(z)$
2) $x\to\arccos(z)$, $\cos(x)\to z$
3) $dx\to h'(z)\,dz=\left(-\frac{1}{\sin(\arccos(z))}\right)dz$
4) $a\to\cos(a)$, $b\to\cos(b)$

$$\int_a^b \tan(x)\,dx$$

$$=\int_a^b \frac{\sin(x)}{\cos(x)}\,dx$$

$$=\int_{\cos(a)}^{\cos(b)} \frac{\sin(\arccos(z))}{z}\cdot\left(-\frac{1}{\sin(\arccos(z))}\right)dz$$

$$=-\int_{\cos(a)}^{\cos(b)} \frac{1}{z}\,dz=-\ln|z|\Big]_{\cos(a)}^{\cos(b)}=\ln|\cos(a)|-\ln|\cos(b)|.$$

Anmerkung: Natürlich darf in diesem Beispiel das Integrationsintervall $[a; b]$ nur so gewählt sein, daß in ihm keine Nullstelle der Kosinusfunktion liegt, sonst wäre das Integral ja nicht definiert (vergleiche auch Seite 46).

An diesem Beispiel 21 kann man zweierlei ablesen. Zum einen wird die Eignung einer gewählten Substitutionsgleichung meist erst in der weiteren Behandlung des zu berechnenden Integrals, in den Umformungen im zweiten und dritten Schritt des Schemas, motiviert (hier kann $\sin(\arccos(z))$ gekürzt werden, in den vorigen Beispielen vereinfachte sich zumindest der zu potenzierende Term): Die Eignung einer Substitutionsgleichung ist in der Regel nicht schon bei ihrer Wahl zu erkennen, man muß das Verfahren durchziehen mit der Erwartung, daß man es ergebnislos wird abbrechen müssen.

Hätte man zur Behandlung des Beispiels 21 die (an sich ja naheliegende) Substitutionsgleichung $h(z)=\arctan(z)$ gewählt, so könnte man zwar $f(x)=\tan(x)$ durch $f(h(z))=\tan(\arctan(z))=z$ ersetzen, jedoch würde das neue Integral durch die Ersetzung $dx\to\frac{1}{1+z^2}\,dz$ für uns nicht mehr berechenbar:

$$\int_{\tan(a)}^{\tan(b)} z\cdot\frac{1}{1+z^2}\,dz \quad \text{ist nicht so einfach zu behandeln.}$$

Die zweite Erkenntnis aus Beispiel 21 läßt sich aus dem Trick mit der Umformung $\tan(x)=\frac{\sin(x)}{\cos(x)}$ gewinnen: Die 2. Fassung der Substitutionsregel läßt sich mit der Methode aus Beispiel 21 offenbar auf alle Integrale anwenden, deren Integrandenfunktion ein Quotient ist, wobei der Zähler die Ableitung des Nenners (eventuell bis auf einen konstanten Faktor) ist. Hierbei muß gewährleistet sein, daß der Nenner keine Nullstelle im Integrationsintervall hat.

Satz 2.13: Ist f eine über einem Intervall $[a, b]$ differenzierbare Funktion und gilt: $f(x)\neq 0$ für alle $x\in[a; b]$, so gilt:

$$\int_a^b \frac{f'(x)}{f(x)}\,dx=\ln|f(x)|\Big]_a^b=\ln|f(b)|-\ln|f(a)|.$$

Bei der Anwendung dieses Satzes spricht man auch vom „logarithmischen Integrieren“.
Zum Abschluß dieses Abschnittes zur Substitutionsregel noch ein Beispiel, welches einerseits noch einmal zeigt, daß die richtige Wahl einer Substitutionsgleichung nicht immer einfach ist, welches andererseits deutlich macht, daß mit der Integralrechnung elementargeometrisch gewonnene Erkenntnisse aus der Sekundarstufe I bestätigt werden können.

Beispiel 22: Berechnung des „Kreisintegrals“ $\int_{-r}^{r} \sqrt{r^2 - x^2}\,dx$:

$$\begin{aligned}
&\int_{-r}^{r} \sqrt{r^2 - x^2}\,dx \\
&= \int_{\pi}^{0} \sqrt{r^2 - r^2\cos^2 z} \cdot r \cdot (-\sin(z))\,dz \\
&= \int_{\pi}^{0} -r^2 \cdot \sin(z) \cdot \sin(z)\,dz \\
&= -r^2 \int_{\pi}^{0} -\sin^2(z)\,dz \\
&= r^2 \int_{0}^{\pi} \sin^2(z)\,dz \\
&= r^2 \left(\frac{1}{2}(-\sin(z)\cos(z))\right)\Big]_0^{\pi} \qquad \text{(vgl. Beispiel 11)} \\
&= \frac{1}{2} \cdot \pi \cdot r^2.
\end{aligned}$$

1) $x = h(z) = r \cdot \cos(z)$
2) $x \to r \cdot \cos(z)$,
$\sqrt{r^2 - x^2} \to r \cdot \sqrt{(1 - \cos^2(z))} = r \cdot \sin(z)$
3) $dx \to r \cdot (-\sin(z))\,dz$
4) $-r \to \arccos\left(\frac{-r}{r}\right) = \arccos(-1) = \pi$;
$r \to \arccos\left(\frac{r}{r}\right) = \arccos(1) = 0$

Integration gebrochenrationaler Funktionen (Partialbruchzerlegung)

In diesem Abschnitt sollen einige Methoden vorgestellt werden, mit deren Hilfe weitere Klassen von Funktionen integriert werden können.
Jede gebrochenrationale Funktion kann in die Summe einer ganzrationalen Funktion und einer echt gebrochenrationalen Funktion zerlegt werden (vgl. Satz 3.11 und „Termdivision mit Rest“ im 1. Band).

Beispiel 23:

$$\begin{aligned}
\int_a^b \frac{2x^3 + 7x^2 + 4x + 2}{2x + 3}\,dx &= \int_a^b \left(x^2 + 2x - 1 + \frac{5}{2x + 3}\right) dx \\
&= \left(\frac{1}{3}x^3 + x^2 - x\right)\Big]_a^b + \int_a^b \frac{5}{2x + 3}\,dx.
\end{aligned}$$

Ist (wie im Beispiel 23) der Grad des Nennerpolynoms 1, so kann das Restintegral logarithmisch integriert werden:

Fortführung des Beispiels 23:

$$\int_a^b \frac{5}{2x+3}\,dx = \frac{5}{2}\cdot\int_a^b \frac{2}{2x+3}\,dx = \frac{5}{2}(\ln|2x+3|)\Big]_a^b.$$

Beachte: Zwischen a und b dürfen keine Nullstellen von $g(x)=2x+3$ liegen!

Was ist aber zu tun, wenn der Grad des Nennerpolynoms größer als 1 ist? Wie kann man

$$\int_a^b \frac{x+7}{x^2-x-2}\,dx \quad \text{oder} \quad \int_a^b \frac{x^2-15x+8}{x^3+3x^2-9x+5}\,dx$$

berechnen?

Um $\int_a^b \frac{f(x)}{g(x)}\,dx$ bestimmen zu können, wobei f und g Polynome sein sollen, muß man die Integrandenfunktion in eine Summe von einfacher zu behandelnden Teilbrüchen zerlegen. Für eine solche Zerlegung in **Partialbrüche** gibt es einige Regeln.
Wir betrachten im folgenden nur Funktionen, bei denen sich das Nennerpolynom als Produkt von Linearfaktoren darstellen läßt.

Beispiel 24:

$$\int_a^b \frac{x+7}{x^2-x-2}\,dx = \int_a^b \frac{x+7}{(x-2)\cdot(x+1)}\,dx.$$

Dann kann man eine Zerlegung der Integrandenfunktion in eine Summe durch folgenden Ansatz erreichen:

$$\frac{x+7}{x^2-x-2} = \frac{x+7}{(x-2)\cdot(x+1)} = \frac{A}{x-2} + \frac{B}{x+1}.$$

Man muß also die echt gebrochenrationale Funktion darstellen als Summe von Partialbrüchen, die als Nenner die Linearfaktoren der Nennerfunktion haben. Wie kann man die jeweiligen Zähler A, B, ... bestimmen?
Es ist

$$\frac{A}{x-2} + \frac{B}{x+1} = \frac{A\cdot(x+1)+B\cdot(x-2)}{(x-2)\cdot(x+1)} = \frac{A\cdot(x+1)+B\cdot(x-2)}{x^2-x-2}.$$

Also gilt $A\cdot(x+1)+B\cdot(x-2)=x+7$.
Hier gibt es zwei Methoden, die Zahlen A und B zu bestimmen:

1) die Einsetzungsmethode: Man setzt solche Zahlen ein, die jeweils einen Summanden in der Bestimmungsgleichung $A\cdot(x+1)+B\cdot(x-2)=x+7$ verschwinden lassen:
   Einsetzen von $x=2$ liefert $A\cdot(2+1)+B\cdot(2-2)=2+7$
   $\Leftrightarrow\ 3A=9$, also $A=3$.
   Einsetzen von $x=-1$ liefert $A\cdot(-1+1)+B\cdot(-1-2)=-1+7$
   $\Leftrightarrow\ -3B=6$, also $B=-2$.

2) die Methode des Koeffizientenvergleichs: Man formt die Bestimmungsgleichung so um, daß man ein Gleichungssystem für die Koeffizienten erhält:

$$A \cdot (x+1) + B \cdot (x-2) = x+7$$
$$\Leftrightarrow \; (A+B) \cdot x + (A-2B) = 1 \cdot x + 7.$$

Das Gleichungssystem zur Bestimmung von A und B lautet also:

$$A+B=1$$
$$\wedge \quad A-2B=7.$$

Man erhält dann $A=3$ und $B=-2$.

Für die Berechnung des Integrals ergibt sich damit:

$$\int_a^b \frac{x+7}{x^2-x-2}\,dx = \int_a^b \left(\frac{3}{x-2} + \frac{-2}{x+1}\right) dx$$
$$= 3 \cdot \int_a^b \frac{1}{x-2}\,dx + (-2) \cdot \int_a^b \frac{1}{x+1}\,dx$$
$$= 3 \cdot (\ln|x-2|)\Big]_a^b - 2 \cdot (\ln|x+1|)\Big]_a^b = \ln\left|\frac{(x-2)^3}{(x+1)^2}\right|\Bigg]_a^b.$$

Hat die Nennerfunktion g(x) eine mehrfache Nullstelle, versagt dieser Ansatz, wie schon die Methode des Koeffizientenvergleichs zeigt: Man erhält eine Gleichung zu wenig.

<u>*Beispiel 25:*</u>

$$\int_a^b \frac{x^2-15x+8}{x^3+3x^2-9x+5}\,dx.$$

Die Nullstelle 1 des Nenners der Integrandenfunktion findet man durch Einsetzen, die weiteren Nullstellen 1 und -5 durch Termdivision oder Hornerschema (vgl. Band I).

$$\int_a^b \frac{x^2-15x+8}{x^3+3x^2-9x+5}\,dx = \int_a^b \frac{x^2-15x+8}{(x-1)^2 \cdot (x+5)}\,dx.$$

Hier muß nun ein anderer Ansatz gewählt werden:
Ist x_0 m-fache Nullstelle des Nenners, muß die Partialbruchzerlegung der Integrandenfunktion die Summanden

$$\frac{A_1}{x-x_0}, \; \frac{A_2}{(x-x_0)^2}, \ldots, \frac{A_m}{(x-x_0)^m}$$

enthalten.

Fortführung des Beispiels 25:

$$\int_a^b \frac{x^2-15x+8}{x^3+3x^2-9x+5}\,dx = \int_a^b \frac{A_1}{x-1} + \frac{A_2}{(x-1)^2} + \frac{B}{x+5}\,dx.$$

Hieraus ergibt sich wieder eine Bestimmungsgleichung für die Koeffizienten:

$$A_1\cdot(x-1)\cdot(x+5)+A_2\cdot(x+5)+B\cdot(x-1)^2=x^2-15x+8$$

und damit nach einer der beiden obigen Methoden 1) Einsetzungsmethode oder 2) Koeffizientenvergleich: $A_1=-2$, $A_2=-1$ und $B=3$, also

$$\begin{aligned}\int_a^b \frac{x^2-15x+8}{x^3+3x^2-9x+5}\,dx &= \int_a^b\left(\frac{-2}{x-1}+\frac{-1}{(x-1)^2}+\frac{3}{x+5}\right)dx\\ &= -2\int_a^b \frac{1}{x-1}\,dx-\int_a^b \frac{1}{(x-1)^2}\,dx+3\int_a^b \frac{1}{x+5}\,dx\\ &= -2\ln|x-1|\Big]_a^b+\frac{1}{x-1}\Big]_a^b+3\ln|x+5|\Big]_a^b.\end{aligned}$$

Beachten Sie bitte, daß sich diese Rezepte nicht auf beliebige rationale Funktionen übertragen lassen:

$$\int_a^b \frac{3x+3}{x^2+4x+5}\,dx$$

ist nicht so zu bestimmen, da sich das Nennerpolynom $x^2+4x+5=(x+2)^2+1$ nicht als Produkt von Linearfaktoren darstellen läßt.

3. Kapitel: Anwendungen der Integralrechnung

In diesem Kapitel werden einige Anwendungen der Integralrechnung vorgestellt, die üblicherweise im Mathematikunterricht der Sekundarstufe II angesprochen werden.

3.1 Flächenberechnungen

a) Flächen unter Funktionsgraphen

Bei der Einführung des Integrals einer Funktion f über dem Intervall [a; b] stellten wir uns das Ziel, den Flächeninhalt $A_{[a;b]}$ einer Ordinatenfläche zu berechnen, also einer Fläche, die begrenzt wird von der x-Achse, dem Graphen der Funktion und der Parallelen zur f(x)-Achse durch (a/0) und (b/0). (In Kapitel 2 benutzten wir die Flächeninhaltsfunktion $A_a(x)$ und nannten den Flächeninhalt entsprechend $A_a(b)$.) Wir entwickelten folgende **Vorschrift für** diese Art der **Flächenberechnungen**:

> *1. Schritt*: Ermittle die Nullstellen $c_1, c_2, \ldots, c_n$ von f
>
> *2. Schritt*: Berechne die Summe der Beträge der Integrale von a bis c_1, von c_1 bis c_2, …, c_n bis b. Das ist der Flächeninhalt.

Beispiel 1 (vergleiche Kapitel 2, Beispiel 4):

1. Schritt: -1; 2 und 4 sind die Nullstellen der Funktion mit der Funktionsvorschrift

$$f(x) = x^3 - 5x^2 + 2x + 8.$$

2. Schritt:

$$A_{[-1,5;\,3,5]} = \left| \int_{-1,5}^{-1} f(x)\,dx \right| + \left| \int_{-1}^{2} f(x)\,dx \right| + \left| \int_{2}^{3,5} f(x)\,dx \right| = 22{,}34.$$

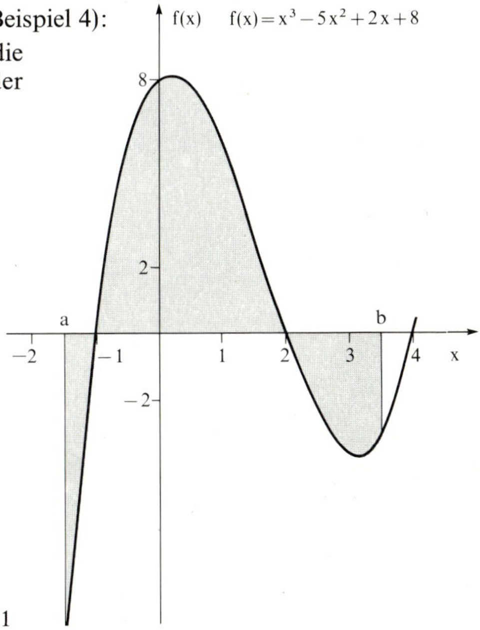

Abbildung 3.1

b) Flächen zwischen Funktionsgraphen

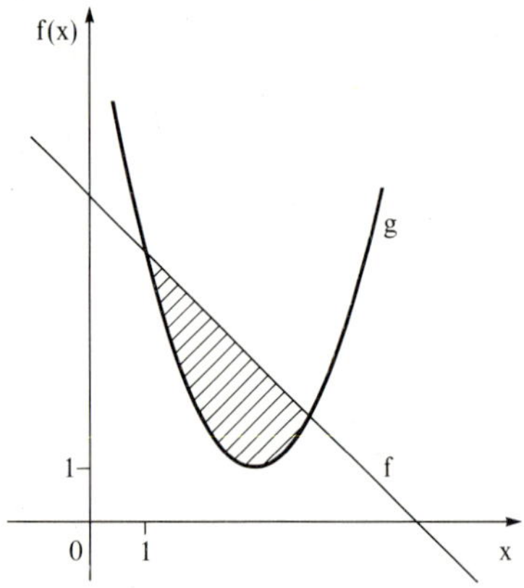

Abbildung 3.2

Beispiel 2:
Zu berechnen ist der Flächeninhalt der Fläche zwischen den Graphen der Funktion f mit $f(x) = -x+6$ und g mit $g(x) = x^2-6x+10$.

Anschaulich sieht man sofort, daß sich der gesuchte Flächeninhalt ergibt als Differenz der Ordinatenfläche unter f und der Ordinatenfläche unter g jeweils über dem Intervall $[a;b]$, wobei a und b die x-Koordinaten der Schnittpunkte sind. Für das Beispiel ergibt sich $a=1$ und $b=4$ aus der Gleichung $-x+6 = x^2-6x+10$ und damit für den gesuchten Flächeninhalt:

$$A = \int_1^4 f(x)\,dx - \int_1^4 g(x)\,dx \quad \text{und nach Satz 2.2:}$$

$$= \int_1^4 (f(x)-g(x))\,dx.$$

Beachte: Dieser Ausdruck kann hier als Flächeninhalt interpretiert werden, da

1) $f(x) \geqq g(x)$ und
2) $f(x) \geqq 0$ und $g(x) \geqq 0$ im Intervall $[1;4]$ gilt.

Die zweite Einschränkung kann mit Hilfe folgender Überlegung fallengelassen werden:

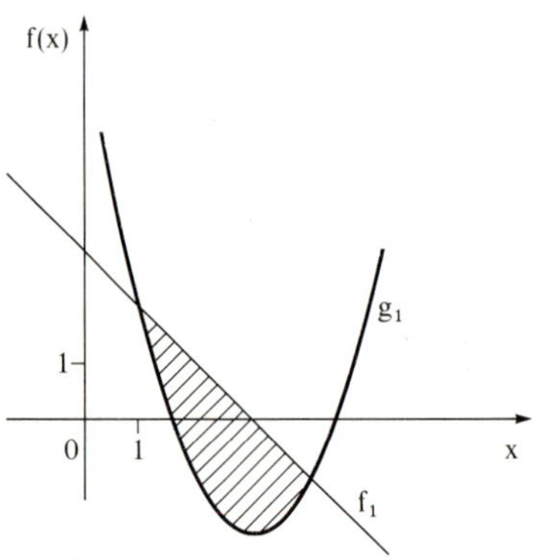

Abbildung 3.3

Beispiel 3: Der Flächeninhalt A_1 der Fläche zwischen den Graphen der Funktionen f_1 mit $f_1(x) = -x+3$ und g_1 mit $g_1(x) = x^2-6x+7$ ist sicher genauso groß wie der Flächeninhalt A aus Beispiel 2, denn verschiebt man die Funktionen um 3 nach oben, erhält man $f_1(x)+3 = f(x)$ und $g_1(x)+3 = g(x)$.

Für den Flächeninhalt gilt also

$$A = \int_1^4 (f(x)-g(x))\,dx$$

$$= \int_1^4 ((f_1(x)+3)-(g_1(x)+3))\,dx = \int_1^4 (f_1(x)-g_1(x))\,dx = A_1,$$

also ist die zweite Einschränkung offensichtlich unnötig.
Um die erste Einschränkung ($f(x) \geqq g(x)$) zu umgehen, könnte man sich wie bei den Ordinatenflächen des Betrags bedienen, denn es gilt

$$\left|\int_1^4 (f(x)-g(x))\,dx\right| = \left|-\int_1^4 -(f(x)-g(x))\,dx\right| = \left|\int_1^4 (g(x)-f(x))\,dx\right|.$$

Dieses Vorgehen setzt voraus, daß gilt $f(x) \geqq g(x)$ für alle $x \in [1;4]$ oder $f(x) \leqq g(x)$ für alle $x \in [1;4]$, denn dann ist $(f(x)-g(x)) \geqq 0$ oder $(f(x)-g(x)) \leqq 0$ für alle $x \in [1;4]$. Gibt es hingegen ein $x_0 \in [a;b]$, so daß $f(x) \geqq g(x)$ für $x \in [a;x_0]$ und $g(x) \geqq f(x)$ für $x \in [x_0, b]$, muß wie bei den Ordinatenflächen stückweise integriert werden (siehe unter a), denn dann hat die Integrandenfunktion $(f(x)-g(x))$ die weitere Nullstelle x_0 im Integrationsintervall $[a;b]$.

Damit ergibt sich folgendes Vorgehen bei der **Flächenberechnung von Flächen zwischen den Funktionsgraphen der Funktion f und g**:

1. Schritt: Bestimme die Schnittstellen $x_0, x_1, \ldots, x_m$ der Funktionen f und g.

2. Schritt: Berechne die Summe der Beträge der Integrale der Differenzfunktion $(f(x)-g(x))$ von x_0 bis x_1, von x_1 bis x_2, …, von x_{m-1} bis x_m. Das ist der Flächeninhalt der Fläche zwischen den Graphen von f und g.

Beispiel 4: Welchen Flächeninhalt schließen die Graphen der Funktionen f mit $f(x)=2\sqrt{x}$ und g mit $g(x)=-\frac{1}{3}x^2+\frac{7}{3}x$ ein?

1. Schritt: Der Ansatz $f(x)=g(x)$ liefert die Lösungen $x=0$, $x=1$, $x=4$ und $x=9$. Davon sind 0, 1 und 4 die Schnittstellen von f und g.

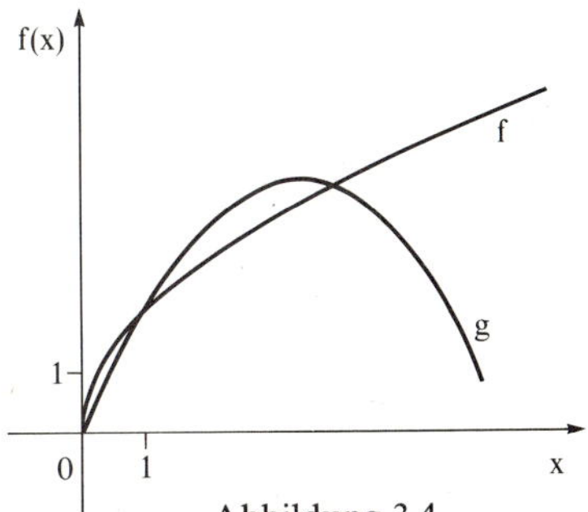

Abbildung 3.4

2. Schritt:

$$\left|\int_0^1 \left(2\sqrt{x}-\left(-\frac{1}{3}x^2+\frac{7}{3}x\right)\right)dx\right| + \left|\int_1^4 \left(2\sqrt{x}-\left(-\frac{1}{3}x^2+\frac{7}{3}x\right)\right)dx\right|$$

$$= \left|\left[\left(\frac{4}{3}\sqrt{x^3}+\frac{1}{9}x^3-\frac{7}{6}x^2\right)\right]_0^1\right| + \left|\left[\left(\frac{4}{3}\sqrt{x^3}+\frac{1}{9}x^3-\frac{7}{6}x^2\right)\right]_1^4\right|$$

$$= \left|\frac{5}{18}\right| + \left|-\frac{21}{18}\right| = \frac{13}{9}.$$

3.2 Volumina von Rotationskörpern

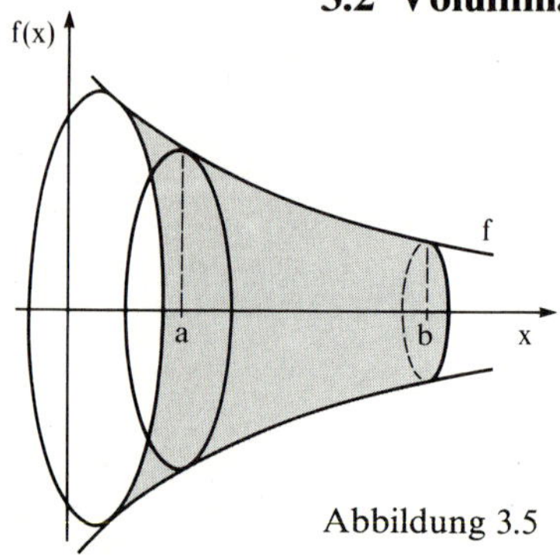

Abbildung 3.5

Ein auf einer Drechsel- oder Drehbank angefertigtes Werkstück kann man sich entstanden denken durch die Rotation eines Abschnitts des Graphen einer stetigen Funktion f um die x-Achse. Die Integralrechnung ermöglicht die Berechnung des Volumens eines solchen Körpers, wenn der Funktionsterm der „Begrenzungsfunktion“ bekannt ist.

Zur Herleitung einer Berechnungsformel für das Volumen eines solchen Rotationskörpers betrachten wir einen Abschnitt des Graphen einer stetigen Funktion f über dem Intervall [a; b] und denken uns den dadurch entstehenden Körper angenähert durch stufenförmig angebrachte Zylinder. Die einzelnen Zylinder erhalten wir, indem wir das Intervall [a; b] in n Teilintervalle – wie bei der Einführung des Integrals, S. 20 – zerlegen und durch Wahl von m_k als Minimum von f auf dem Intervall $[x_{k-1}; x_k]$ die entstehenden Teilrechtecke um die x-Achse rotieren lassen. Jeder Zylinder hat dann (nach der Formel $V = \pi \cdot r^2 \cdot h$) das Volumen $V_k = \pi \cdot m_k^2 \cdot (x_k - x_{k-1})$.

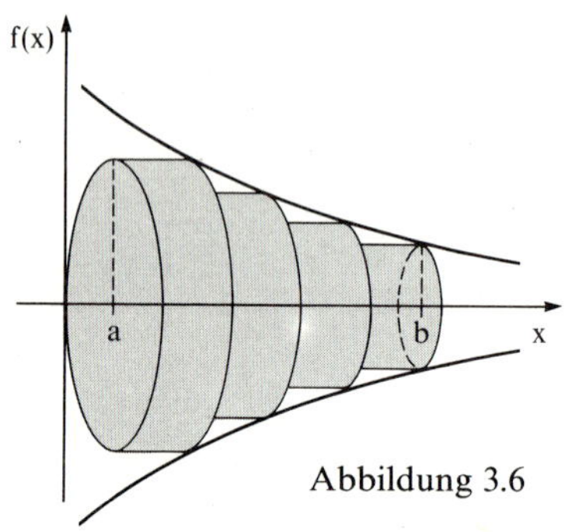

Abbildung 3.6

Die Summe der Zylinderinhalte

$$\begin{aligned} V_n &= \pi \cdot m_0^2 \cdot (x_1 - a) + \pi \cdot m_1^2 \cdot (x_2 - x_1) + \ldots + \pi \cdot m_n^2 \cdot (b - x_{n-1}) \\ &= \sum_{k=1}^{n} \pi \cdot m_k^2 \cdot (x_k - x_{k-1}) = \pi \cdot \sum_{k=1}^{n} m_k^2 \cdot (x_k - x_{k-1}) \end{aligned}$$

mit $x_0 = a$ und $x_n = b$ ist eine untere Abschätzung des Volumens der Rotationsfigur.

Gleichzeitig ist aber $\sum_{k=1}^{n} m_k^2 \cdot (x_k - x_{k-1})$ eine Untersumme s_n der Funktion $f^2(x)$. Da mit f auch f^2 stetig und damit integrierbar ist, gilt:

$$\int_a^b f^2(x)\,dx = \lim_{n \to \infty} s_n = \lim_{n \to \infty} \sum_{k=1}^{n} m_k^2 (x_k - x_{k-1}).$$

Es ist anschaulich einsichtig, daß bei immer feinerer Unterteilung des Intervalls [a; b] die Zylinderfigur die tatsächliche Form immer besser annähert. Da f^2 integrierbar ist, führt jede Zerlegung des Intervalls [a; b] auf den gleichen Grenzwert. Es ist also naheliegend, die Volumenmaßzahl $V_{[a;b]}$ des bei Drehung des Graphen einer stetigen Funktion über dem Intervall [a; b] entstehenden Rotationskörpers zu definieren als

$$V_{[a;\,b]} = \pi \cdot \int_a^b f^2(x)\,dx.$$

Die folgenden Beispiele zeigen, daß über die Bestätigung elementargeometrisch gefundener Berechnungsformeln durch die Anwendung der Integralrechnung Volumenberechnungen weiterer Körper möglich werden.

Beispiel 5: Ein Zylinder mit Grundkreisradius r und Höhe h kann aufgefaßt werden als Rotationskörper, der durch Rotation des Graphen der konstanten Funktion $f(x) = r$ über [0; h] entsteht.

Die bekannte Berechnungsformel $V_{Zyl.} = \pi \cdot r^2 \cdot h$ ergibt sich als

$$\pi \cdot \int_0^h f^2(x)\,dx = \pi \cdot \int_0^h r^2\,dx = \pi \cdot r^2 \cdot \int_0^h 1\,dx$$

$$= \pi \cdot r^2 \cdot (x)\Big]_0^h = \pi \cdot r^2 \cdot h.$$

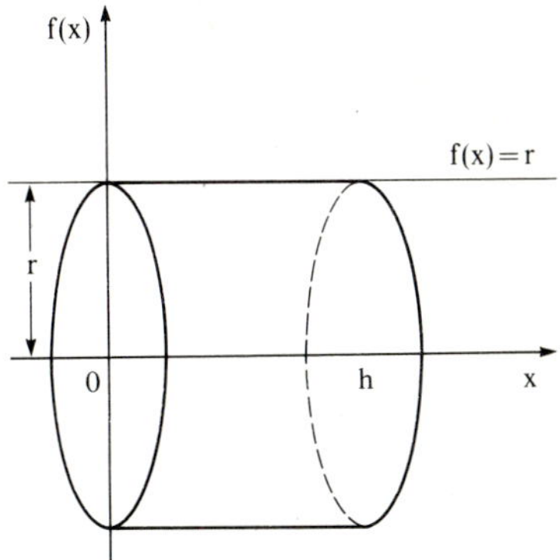

Abbildung 3.7

Beispiel 6: Ebenfalls kann die Formel für das Kugelvolumen einer Kugel mit Radius r bestätigt werden:

$$V_{Ku} = \pi \cdot \int_{-r}^{r} \left(\sqrt{r^2 - x^2}\right)^2 dx$$

$$= \pi \cdot \int_{-r}^{r} (r^2 - x^2)\,dx$$

$$= \pi \cdot \left(r^2 x - \tfrac{1}{3}x^3\right)\Big]_{-r}^{r}$$

$$= \tfrac{4}{3} \cdot \pi \cdot r^3.$$

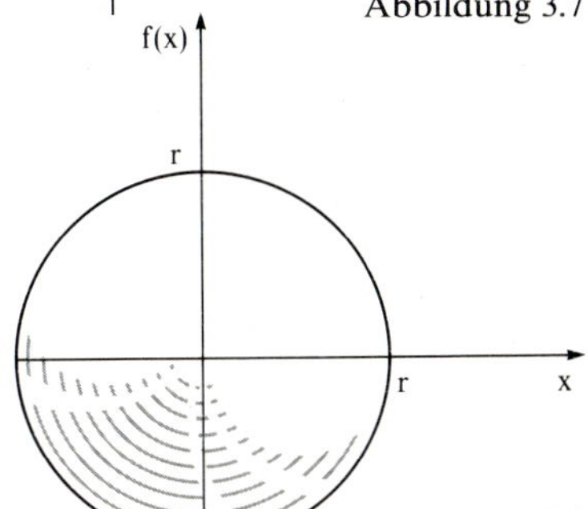

Abbildung 3.8

Beispiel 7: Berechnet werden kann jetzt auch das Volumen eines Autoreifens: Man läßt einen Kreis mit Mittelpunkt (0/R) und Radius r $(r < R)$ um die x-Achse rotieren. Es entsteht ein sogenannter Torus. Das Volumen des Torus erhält man, indem man vom Volumen des Körpers, welcher durch Rotation der oberen Hälfte des Querschnittkreises um die x-Achse entsteht, das Volumen des Rotationskörpers der unteren Hälfte des Querschnittkreises subtrahiert. Der obere Halbkreis des Querschnitts hat die Funktionsvorschrift

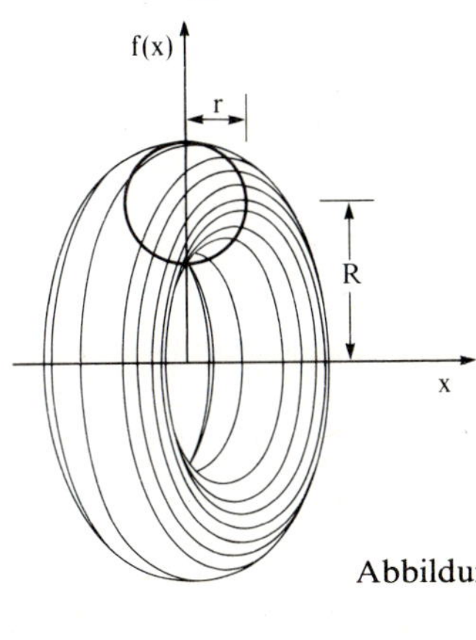

Abbildung 3.9

$f_1(x)=R+\sqrt{r^2-x^2}$, der untere Halbkreis die Funktionsvorschrift $f_2(x)=R-\sqrt{r^2-x^2}$. Damit ergibt sich für das Volumen V des Torus:

$$V=\pi\cdot\int_{-r}^{r}(R+\sqrt{r^2-x^2})^2\,dx-\pi\cdot\int_{-r}^{r}(R-\sqrt{r^2-x^2})^2\,dx$$

$$=\pi\cdot\int_{-r}^{r}((R+\sqrt{r^2-x^2})^2-(R-\sqrt{r^2-x^2})^2)\,dx$$

$$=\pi\cdot\int_{-r}^{r}(2R\cdot\sqrt{r^2-x^2}+2R\cdot\sqrt{r^2-x^2})\,dx=\pi\cdot 4R\cdot\int_{-r}^{r}\sqrt{r^2-x^2}\,dx$$

$$=4\cdot\pi\cdot R\cdot\tfrac{1}{2}r^2\pi=2\pi^2 R r^2$$ (vgl. Beispiel 22, Kapitel 2).

3.3 Bogenlängen von Funktionsgraphen und Oberflächen von Rotationskörpern

Will man die Länge eines Funktionsgraphen einer stetigen Funktion über dem Intervall [a; b] bestimmen, approximiert man die Länge des Graphen durch eine Summe von Längen von Tangentenabschnitten über Teilintervallen von [a; b]. Diese Tangenten bestimmt man im Punkt $A_k(x_{mk}|f(x_{mk}))$ mit $x_{mk}=\frac{1}{2}(x_k-x_{k-1})$. Dann ist die Steigung der Tangente $f'(x_{mk})$. Über dem Teilintervall $[x_{k-1}; x_k]$ ergibt sich als Länge l_k des Tangentenabschnitts $l_k^2=\Delta_x^2+\Delta_y^2$, also $l_k=\sqrt{\Delta_x^2+\Delta_y^2}$. Mit $\Delta_y=\Delta_x\cdot f'(x_{mk})$ gilt

$$l_k=\sqrt{\Delta_x^2+\Delta_x^2(f'(x_{mk}))^2}=\Delta_x\sqrt{1+(f'(x_{mk}))^2}$$

oder

$$l_k=(x_k-x_{k-1})\sqrt{1+(f'(x_{mk}))^2}.$$

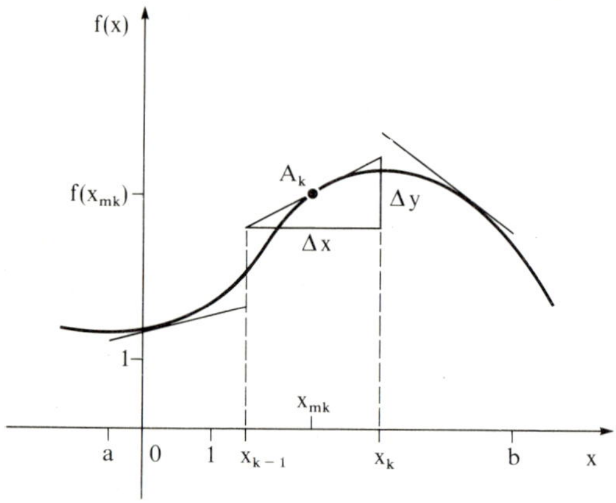

Abbildung 3.10

Als Approximation der Bogenlänge des Graphen von f über [a; b] ergibt sich also

$$l_n=\sqrt{1+(f'(x_{m1}))^2}\cdot(x_1-a)+\sqrt{1+(f'(x_{m2}))^2}\cdot(x_2-x_1)+\dots$$
$$+\sqrt{1+(f'(x_{mn}))^2}\cdot(b-x_{n-1}),$$

mit $a = x_0$ und $b = x_n$:

$$l_n = \sum_{k=1}^{n} \sqrt{1 + (f'(x_{mk}))^2} \cdot (x_k - x_{k-1}).$$

Betrachten wir eine Funktion $\tilde{f}(x) = \sqrt{1 + (f'(x))^2}$, dann erinnert dieser Term für l_n sofort an die Einführung des Integrals.

Mit Hilfe von $\sum\limits_{k=1}^{n} \tilde{f}(x_{mk}) \cdot (x_k - x_{k-1})$ wurde das Integral $\int\limits_a^b \tilde{f}(x)\,dx$ definiert. Dabei wurden allerdings Unter- und Obersummen von $\tilde{f}$ betrachtet: $\tilde{f}(x_{mk})$ war Minimum bzw. Maximum der Funktionswerte von $\tilde{f}$ über dem Teilintervall $[x_{k-1}; x_k]$. In unserer Überlegung ist $f'(x_{mk})$ nicht unbedingt Minimum $\min_k$ oder Maximum $\max_k$ der über dem Teilintervall $[x_{k-1}; x_k]$ auftretenden Tangentensteigungen und damit liegt $\tilde{f}(x_{mk})$ zwischen dem Minimum und dem Maximum von $\tilde{f}$ über dem Teilintervall $[x_{k-1}; x_k]$. Wenn wir aber von einer Funktion f ausgehen, deren Ableitungsfunktion f' stetig ist, ist auch $\tilde{f}$ stetig und damit auch integrierbar.
Es ist $\min_k \leqq \tilde{f}(x_{mk}) \leqq \max_k$ und damit

$$\sum_{k=1}^{n} \min_k \cdot (x_k - x_{k-1}) \leqq \sum_{k=1}^{n} \tilde{f}(x_{mk}) \cdot (x_k - x_{k-1}) \leqq \sum_{k=1}^{n} \max_k \cdot (x_k - x_{k-1}).$$

Bei integrierbaren Funktionen ist der Grenzwert der Ober- und Untersummen gleich, also

$$\lim_{n \to \infty} \sum_{k=1}^{b} \min_k \cdot (x_k - x_{k-1}) = \lim_{n \to \infty} \sum_{k=1}^{n} \max_k \cdot (x_k - x_{k-1}).$$

Damit gilt nach dem Einschließungskriterium (vergleiche Band I, Satz 2.8):

$$\lim_{n \to \infty} l_n = \lim_{n \to \infty} \sum_{k=1}^{n} \tilde{f}(x_{mk}) \cdot (x_k - x_{k-1}) = \int_a^b \tilde{f}(x)\,dx.$$

Deswegen definiert man bei differenzierbaren Funktionen, deren Ableitung stetig ist, als Bogenlänge $l_{[a;\,b]}$ des Graphen über $[a; b]$:

$$l_{[a;\,b]} = \int_a^b \sqrt{1 + (f'(x))^2}\,dx.$$

<u>*Beispiel 8:*</u> Anwenden wollen wir diese Definition wieder auf eine Funktion, deren Bogenlänge aus dem Geometrieunterricht der Sekundarstufe I bekannt ist. Wir berechnen die Länge des Halbkreises um den Koordinatenursprung (0/0) mit Radius r, also die Bogenlänge $l_{[-r;\,r]}$ des Graphen der Funktion

$$f(x) = \sqrt{r^2 + x^2}.$$

Zunächst muß die Ableitung bestimmt und quadriert werden:

$$f'(x) = \frac{1}{2\sqrt{r^2 - x^2}} \cdot (-2x) = -\frac{x}{\sqrt{r^2 - x^2}}$$

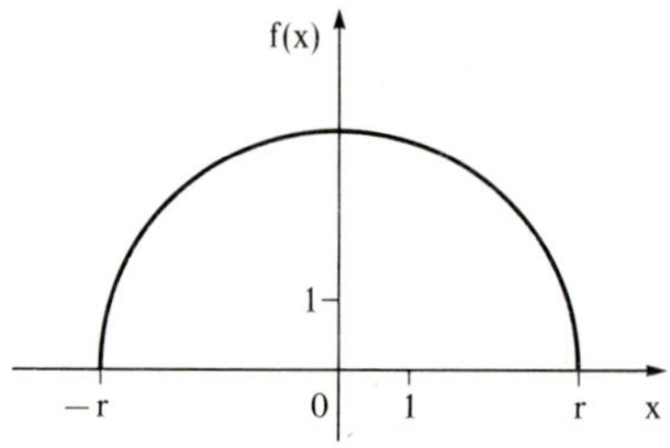

Abbildung 3.11

also $(f'(x))^2 = \frac{x^2}{r^2 - x^2}$. Somit:

$$l_{[-r;\,r]} = \int_{-r}^{r} \sqrt{1 + \frac{x^2}{r^2 - x^2}}\, dx$$

$$= \int_{-r}^{r} \sqrt{\frac{r^2}{r^2 - x^2}}\, dx$$

$$= \int_{-r}^{r} \sqrt{\frac{1}{1 - \frac{x^2}{r^2}}}\, dx$$

$$= \int_{-r}^{r} \frac{1}{\sqrt{1 - \frac{x^2}{r^2}}}\, dx$$

Mit der Substitution $x = h(z) = r \cdot \sin(z)$

2) $x \to r \cdot \sin(z)$

$\sqrt{1 - \frac{x^2}{r^2}} \to \sqrt{1 - \sin^2(z)} = \cos(z)$

3) $dx \to r \cdot \cos(z)\, dz$

4) $-r \to \arcsin\left(\frac{-r}{r}\right) = -\frac{\pi}{2}$

$r \to \arcsin\left(\frac{r}{r}\right) = \frac{\pi}{2}$

$$= \int_{-\frac{\pi}{2}}^{\frac{\pi}{2}} \frac{1}{\cos(z)} \cdot r \cdot \cos(z)\, dz$$

$$= r \cdot \int_{-\frac{\pi}{2}}^{\frac{\pi}{2}} 1\, dz$$

$$= r \cdot (z)\Big]_{-\frac{\pi}{2}}^{\frac{\pi}{2}} = r \cdot \left(\frac{\pi}{2} - \left(-\frac{\pi}{2}\right)\right) = \pi \cdot r.$$

Die Oberfläche eines Rotationskörpers ohne Deckflächen wird Mantelfläche genannt; sie approximiert man nach der gleichen Methode:

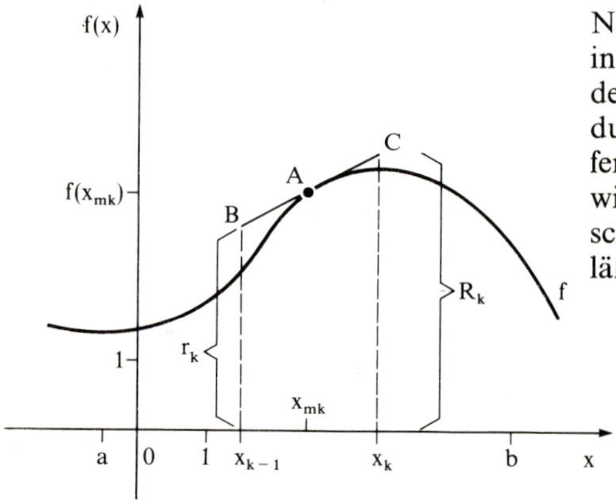

Abbildung 3.12

Nach Einteilung des Intervalls [a; b] in n Teilintervalle denkt man sich den Rotationskörper approximiert durch eine Reihe von Kegelstümpfen, die entstehen, wenn man die wie oben gebildeten Tangentenabschnitte um die x-Achse rotieren läßt.

Nach einer Formel zur Berechnung der Mantelfläche M eines Kegelstumpfes gilt $M=\pi\cdot(R+r)\cdot s$ mit R und r als Radien der Begrenzungskreise und s als Mantellinie. Für den Kegelstumpf über dem Teilintervall $[x_{k-1}; x_k]$ heißt das:

$$R_k \mathrel{\hat{=}} \overline{(x_k|0)C}, \quad r_k \mathrel{\hat{=}} \overline{(x_{k-1}|0)B} \quad \text{und} \quad R_k+r_k \mathrel{\hat{=}} 2\overline{(x_{mk}|0)A}=2\cdot f(x_{mk});$$

s ist hier $l_k=\sqrt{1+(f'(x_{mk}))^2}\cdot(x_k-x_{k-1})$ (s. oben).
Für die Mantelfläche des Kegelstumpfes über $[x_{k-1}; x_k]$ ergibt sich also

$$M_k=\pi\cdot 2\cdot f(x_{mk})\cdot\sqrt{1+(f'(x_{mk}))^2}\cdot(x_k-x_{k-1})$$

und damit als Approximation der Mantelfläche M_n des Rotationskörpers

$$M_n=\sum_{k=0}^{n}\cdot 2\cdot\pi\cdot f(x_{mk})\cdot\sqrt{1+(f'(x_{mk}))^2}\cdot(x_k-x_{k-1})$$

(mit $x_0=a$ und $x_n=b$)

$$=2\pi\left(\sum_{k=0}^{n} f(x_{mk})\cdot\sqrt{1+(f'(x_{mk}))^2}\cdot(x_k-x_{k-1})\right).$$

Diese Summe ist wiederum die Approximation der Fläche unter dem Graphen einer Funktion $\tilde{f}$ mit

$$\tilde{f}(x)=f(x)\cdot\sqrt{1+(f'(x_{mk}))^2}.$$

Mit den gleichen Überlegungen zur eindeutigen Bestimmtheit des gemeinsamen Grenzwertes von Unter- und Obersummen der Funktion $\tilde{f}$ wie oben bei der Behandlung von Bogenlänge des Funktionsgraphen wissen wir, daß die Approximation gegen das Integral $\int_a^b \tilde{f}(x)\,dx$ konvergiert, wenn wir voraussetzen, daß f differenzierbar und f′ stetig ist:

$$\lim_{n\to\infty}\sum_{k=0}^{n}\tilde{f}(x)\cdot(x_k-x_{k-1})=\int_a^b\tilde{f}(x)\,dx.$$

Deswegen definieren wir wieder:
Ist f eine differenzierbare Funktion, deren Ableitungsfunktion stetig ist, dann verstehen wir unter der Mantelfläche $M_{[a;b]}$ des Rotationskörpers, der durch Drehung des Graphen um die x-Achse über dem Intervall $[a; b]$ entsteht:

$$M_{[a;b]}=2\pi\cdot\int_a^b f(x)\sqrt{1+(f'(x))^2}\,dx.$$

Beispiel 9: Um eine Formel für die Mantelfläche des Torus aus Beispiel 7 zu finden, berechnen wir zunächst die Mantelfläche $M_{[-r;r]}$ des Rotationskörpers, der durch Drehung des Graphen der Funktion $f(x)=R+\sqrt{r^2-x^2}$ um die x-Achse über dem Intervall $[-r; r]$ entsteht, also die Größe der äußeren Halbschale des Autoreifens.

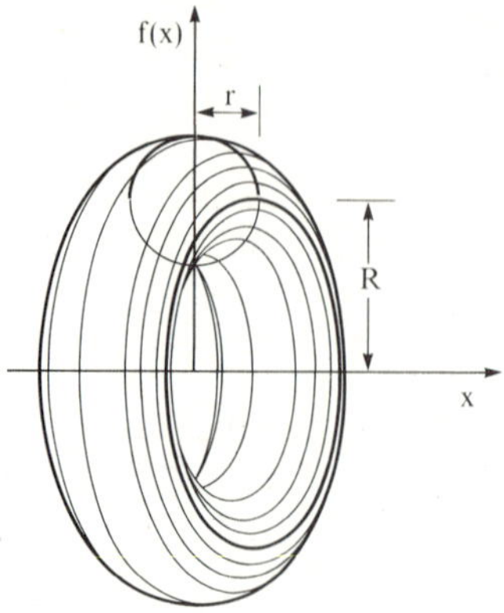

Abbildung 3.13

Es gilt $(f'(x))^2 = \frac{x^2}{r^2 - x^2}$ (vergleiche Beispiel 8). Also:

$$M_{[-r;r]} = 2\pi \int_{-r}^{r} (R + \sqrt{r^2 - x^2}) \cdot \sqrt{1 + \frac{x^2}{r^2 - x^2}}\, dx$$

$$= 2\pi \int_{-r}^{r} R \cdot \sqrt{1 + \frac{x^2}{r^2 - x^2}}\, dx + 2\pi \int_{-r}^{r} \sqrt{r^2 - x^2} \cdot \sqrt{1 + \frac{x^2}{r^2 - x^2}}\, dx$$

$$= 2\pi \cdot R \cdot \int_{-r}^{r} \sqrt{1 + \frac{x^2}{r^2 - x^2}}\, dx + 2\pi \int_{-r}^{r} \sqrt{r^2 - x^2} \cdot \sqrt{\frac{r^2}{r^2 - x^2}}\, dx$$

$$= 2 \cdot \pi \cdot R \cdot \pi \cdot r + 2\pi \int_{-r}^{r} \sqrt{r^2}\, dx = 2\pi^2 \cdot R \cdot r + 4\pi \cdot r^2 \quad \text{(vgl. Beispiel 8).}$$

Die Mantelfläche des Torus setzt sich zusammen aus der Fläche der eben berechneten äußeren Halbschale und der der inneren Halbschale, also der Mantelfläche der Funktion $f(x) = R - \sqrt{r^2 - x^2}$. Diese ist natürlich ebenso zu berechnen wie oben, und es ergibt sich für die Oberfläche O_{Tor} eines Torus:

$$O_{Tor} = (2\pi^2 \cdot R \cdot r + 4\pi \cdot r^2) + (2\pi^2 \cdot R \cdot r - 4\pi \cdot r^2) = 4\pi^2 \cdot R \cdot r.$$

4. Kapitel: Zusammenfassende Beispiele

Für die Lösung der meisten anwendungsbezogenen Probleme reicht natürlich die isolierte Anwendung einer einzelnen der in den vorigen Kapiteln beschriebenen Methoden nicht aus. Deswegen mündet der Analysisunterricht der Sekundarstufe II in der Behandlung von Aufgabenstellungen, deren Bearbeitung die Kombination von Kenntnissen und Methoden der gesamten Analysis erfordert. Die Beherrschung dieser – inhaltlich natürlich zusammenhängender – Kenntnisse und Methoden wird insbesondere in den Abituraufgaben überprüft. Wir haben dieses letzte Kapitel der Abiturhilfen Analysis deshalb der Behandlung solcher Beispiele vorbehalten, die als Abituraufgaben schon einmal Verwendung fanden.
Zu Beginn eines jeden Beispiels finden Sie eine kurze Einführung und dann die zu behandelnde Aufgabe. Diese sollten Sie zunächst abschreiben, dabei schon analysieren nach Art der Aufgabenstellung und dann im Zusammenhang bearbeiten. Sie finden die Bearbeitung jedes Beispiels nach folgendem Schema gestaltet:

1) *(kursiv gedruckt):*
   Hinweise zur Analyse der Aufgabenstellung und Verweise, wo diese Themengebiete in dieser Reihe behandelt werden.
   > *Dazu (durch Einrückung besonders hervorgehoben)*
   > *allgemeine Hinweise zur Behandlung von komplexeren Aufgabenstellungen und zur Art der Aufgabenstellung für Abituraufgaben.*
2) (Zunehmend knappere) Angaben der Lösungen der einzelnen Teilaufgaben. Hier auch (kursiv und eingerückt) allgemeine Hinweise zum Lösungsverfahren.

Beispiel 1: Eine streng monoton steigende und differenzierbare Funktion $f: x \to f(x),\ x \in [a; b]$ sei im Intervall $[a; b]$ definiert. Jede Gerade mit $y = k\ (f(a) < k < f(b))$ bildet mit dem Graphen der Funktion f und den beiden Geraden $x = a$ und $x = b$ zwei Flächen. Die Summe der Flächengrößen ist zu untersuchen.

a) $f: x \to 3x^2 - 1,\ x \in \mathbb{R}$ ist eine Funktion, auf die die genannten Voraussetzungen insbesondere im Intervall $[1; 2]$ zutreffen; $y = 6{,}5$ ist eine genannte Gerade. Wie groß ist die Summe der beiden Flächengrößen?

b) Jede Gerade $y = f(x_u) = 3x_u^2 - 1$ mit $1 < x_u < 2$ ist eine solche Gerade. Bei welcher von Ihnen ist die Summe der Teilflächengrößen minimal?

c) Beweisen Sie: Unter den oben genannten Voraussetzungen ist die Gerade $y = f(x_M)$ mit $x_M = \frac{a+b}{2}$ diejenige, die die Teilflächensumme minimal werden läßt.

Zum Verständnis einer solch umfangreichen Aufgabe ist es zunächst einmal sinnvoll, sich eine Skizze der Aufgabenstellung anzufertigen.

Im Aufgabenteil a) geht es darum, die Fläche zwischen zwei Graphen konkret zu berechnen. Falls Sie mit diesem Teil Schwierigkeiten haben sollten, müssen Sie noch einmal im Kapitel 3.1 dieses Bandes nachschlagen.
Im Aufgabenteil b) ist die Lösung einer Extremwertaufgabe gefordert. Hilfen dazu finden Sie im Kapitel 1.3 dieses Bandes.
Im Teil c) wird der Beweis einer mathematischen Aussage verlangt. Hier ist die Kenntnis der Begriffe Funktion (s.S. 39, 1. Band), Monotonie (s.S. 11ff., 2. Band), Differenzierbarkeit (s.S. 37, 2. Band), Gerade (s.S. 41ff., 1. Band) und Fläche zwischen Graphen von Funktionen (s.S. 64ff., 3. Band) verlangt. Das Ziel der Beweisführung, die Behauptung, ist hier angegeben.

Einen mathematischen Beweis zu führen, verlangt die genaue Kenntnis der in der Voraussetzung angegebenen Begriffe und Aussagen, Kenntnisse über logisches Schließen und vom Ziel, der Behauptung, her bestimmte Umformungsschritte. Wie Sie bei genauem Hinsehen festgestellt haben, ist die Aufgabe so aufgebaut, daß Sie zunächst einen Spezialfall konkret durchrechnen und erst darauf aufbauend zu allgemeineren Lösungsschritten geführt werden.

Vom Schwierigkeitsgrad her könnte diese Aufgabe sowohl in einem Grundkurs wie auch in einem Leistungskurs gestellt werden. Lösen Sie bitte zu Ihrer eigenen Übung die Aufgabe zuerst völlig ohne Hilfe und schauen Sie nur zur Kontrolle in die angegebene Lösung.

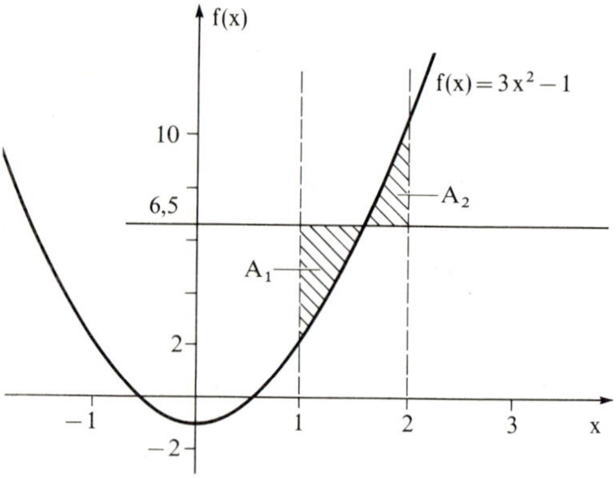

Lösung:

a) $y=6{,}5 \Rightarrow x=\sqrt{2{,}5}$.

Flächenberechnung:

$$\int_1^{\sqrt{2,5}} (6{,}5-(3x^2+1))\,dx = A_1$$

$$\int_{\sqrt{2,5}}^{2} (3x^2+1-6{,}5)\,dx = A_2.$$

Man erhält: $A_1 + A_2 \approx 2{,}32$.

Abbildung 4.1

b) $\int_1^{x_u} (f(x_u)-(3x^2+1))\,dx + \int_{x_u}^{2} (3x^2+1-f(x_u))\,dx = S(x_u)$.

Man erhält also als Zielfunktion: $S(x_u)=4x_u^3-9x_u^2+9$ mit $\mathbb{D}_s=[1;2]$ (s. Aufgabenstellung).

Extremstellenuntersuchung der Zielfunktion:

$S'(x_u)=12x_u^2-18x_u$; $S''(x_u)=24x_u-18$

$S'(x_u)=0 \Leftrightarrow x_u=1{,}5 \vee x_u=0$ (aber $0\notin[1;2]$); $S''(1{,}5)=18>0$.

Randstellenuntersuchung: $S(1)=4$; $S(2)=5$ und $S(1{,}5)=2{,}25$.
Es liegt also ein globales Minimum an der Stelle $x_u=1{,}5$ vor.

c) *Voraussetzung:* $f\colon x \to f(x)$, $x\in[a;b]$ streng monoton steigend und differenzierbar.

Behauptung: Für alle $a \le x_u \le b$ gilt:

$$\int_a^{x_u} (f(x_u)-f(x))\,dx + \int_{x_u}^{b} (f(x)-f(x_u))\,dx$$

$$\le \int_a^{x_m} (f(x_m)-f(x))\,dx + \int_{x_m}^{b} (f(x)-f(x_m))\,dx \quad \text{mit} \quad x_m = \frac{a+b}{2}.$$

Beweis:
Die linke Seite der in der Behauptung angegebenen Ungleichung liefert die Zielfunktion $S(x_u)$. Man erhält:

$$S(x_u) = 2f(x_u)\cdot x_u - 2F(x_u) - f(x_u)\cdot(a+b) + F(a) + F(b)$$

mit $F'(x) = f(x)$.
Extremstellenuntersuchung der Zielfunktion:

$$S'(x_u) = f'(x_u)\cdot(2x_u-(a+b)) \quad (\text{da } F(a)+F(b) \text{ konstant})$$
$$S'(x_u) = 0 \Leftrightarrow f'(x_u) = 0 \vee 2x_u-(a+b) = 0.$$

Da f streng monoton steigend ist, gibt es kein x_u mit $f'(x_u)=0$.

Also ist $x_u = \frac{a+b}{2}$ die einzige Lösung von $S'(x_u)=0$.

$$S''(x_u) = f''(x_u)\cdot(2x_u-(a+b)) + 2f'(x_u)$$
$$S''\left(\frac{a+b}{2}\right) = 2\cdot f'\left(\frac{a+b}{2}\right) > 0, \quad \text{da f streng monoton steigend ist.}$$

Also liegt an der Stelle $x_u = \frac{a+b}{2}$ ein lokales Minimum. Damit ist die Behauptung bewiesen.

Warum auch globales Minimum? (vergleiche S. 59, 2. Band)

Die zweite Beispielaufgabe behandelt eine gebrochenrationale Funktion:

Beispiel 2: Gegeben ist die Funktion $f: x \to f(x) = \frac{x^4-8x^2+16}{2x^2}$, $x \in \mathbb{R} \setminus \{0\}$.

a) Untersuchen Sie den Graphen von f auf Schnittpunkte mit der x-Achse und Extrempunkte.

   Zeigen Sie, daß der Graph der Funktion $g(x) = \frac{1}{2}x^2 - 4$ Asymptote des Graphen von f ist.
   Zeichnen Sie die Graphen von f und g im Bereich $-4 \leqq x \leqq 4$.

b) Es sei

$$h: x \to h(x) = \begin{cases} h_1(x) = ax^4 + bx^2 + \frac{4}{3} & \text{für} \quad |x| < 2 \\ f(x) & \text{für} \quad |x| \ge 2 \end{cases}$$

   eine für alle $x \in \mathbb{R}$ differenzierbare Funktion. Bestimmen Sie a und b.
   Ergänzen Sie die Figur der Teilaufgabe (a) durch den Graphen von h_1.

c) Die Graphen von g und h begrenzen mit den Geraden $x=c$ und $x=-c$ eine Fläche vom Inhalt $A(c)$. Berechnen Sie $A(c)$.

d) Unter dem **uneigentlichen Integral** einer integrierbaren Funktion f versteht man den Grenzwert:

$$\lim_{b\to\infty}\int_a^b f(x)\,dx,$$

falls dieser Grenzwert existiert.
Bestimmen Sie $\lim\limits_{c\to\infty} A(c)$ und interpretieren Sie diese reelle Zahl geometrisch.

e) In die Fläche aus Teilaufgaben (c) soll symmetrisch zur y-Achse ein Rechteck PQRS so einbeschrieben werden, daß P und Q auf dem Graphen von h_1, R und S auf dem Graphen von g liegen. Bestimmen Sie die Koordinaten von $P(u/v)$ so, daß der Umfang des Rechtecks maximal wird.

In dieser Aufgabe wird von Ihnen eine Kurvendiskussion im Teil a) gefordert. Falls Sie dazu noch Hinweise benötigen, so schauen Sie noch einmal in das 3. Kapitel des 2. Bandes. Außerdem ist der Nachweis der Asymptoteneigenschaft, die in dieser Reihe im 1. Band, Kapitel 3, S. 65f. behandelt wurde, verlangt.
Im Teil b) sind die Parameter a und b aus Informationen über die Funktion zu bestimmen. Dazu sind Kenntnisse über das Lösungsverfahren von Parameteraufgaben (3. Band, Kapitel 1) und über die Definition der Differenzierbarkeit (2. Band, Kapitel 3) notwendig.
Im Teil c) ist wieder, wie auch schon in der Beispielaufgabe 1, eine konkrete Fläche zwischen Graphen zu berechnen.
Eine neue Definition wird im Aufgabenteil d) eingeführt.
Sie müssen damit rechnen, daß in den Abituraufgaben solche Aufgabenteile vorhanden sind, in denen etwas für Sie Neues behandelt wird. In diesem Buch wurde der Begriff des uneigentlichen Integrals bisher nicht benutzt.
Im Teil d) sollen Sie zeigen, daß Sie in der Lage sind, eine neue Definition zu verstehen, diese anzuwenden und auch deren geometrische Bedeutung zu erfassen.
Im letzten Teil e) der Aufgabe ist dann noch einmal eine Extremwertaufgabe zu bearbeiten (s. 3. Band, Kapitel 1.3).
Vom Schwierigkeitsgrad her ist diese Aufgabe eher einem Leistungskurs zuzuordnen.

Lösung:

a) Nullstellen: $x_N=2 \vee x_N=-2$.
Extremstellen:

$$f'(x)=x-\frac{16}{x^3} \quad \text{und} \quad f''(x)=1+\frac{48}{x^4}.$$

Die notwendige Bedingung für Extremstellen führt zu $x_E=2 \vee x_E=-2$. Die hinreichende Bedingung ist erfüllt (vgl. Satz 4.8, 2. Band). Es liegen zwei Minima vor.

Da $f(x)=\frac{x^2}{2}-4+\frac{8}{x^2}$, folgt die Asymptoteneigenschaft.

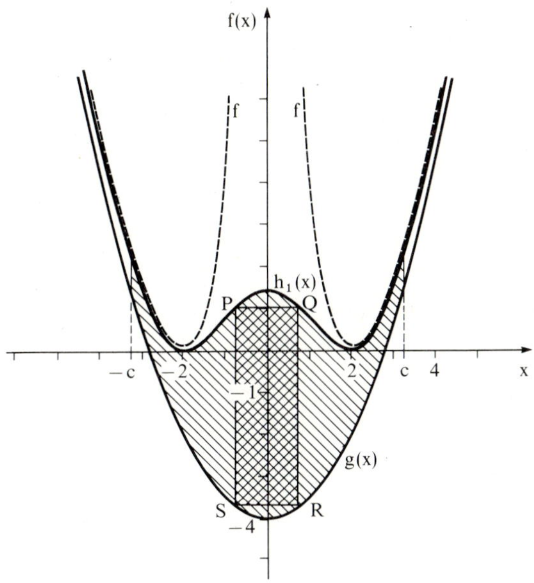

Abbildung 4.2

b) Da h differenzierbar, folgt h stetig. Aus diesen beiden Eigenschaften folgen die Gleichungen zur Bestimmung der Parameter a und b:

(1) $h_1'(2)=f'(2) \Rightarrow 32a+4b=0$ (Differenzierbarkeit);

(2) $\lim\limits_{x\to 2}\left(ax^4+bx^2+\frac{4}{3}\right)=\lim\limits_{x\to 2} f(x) \Rightarrow 16a+4b+\frac{4}{3}=0$ (Stetigkeit).

Als Lösung dieses Gleichungssystems erhält man $a=\frac{1}{12}$; $b=-\frac{2}{3}$.

Sie können zur Erleichterung der Zeichnung des Graphen von h_1 hier noch eine Kurvendiskussion für h_1 durchführen.

c) *Nutzt man die Symmetrie der Graphen von g und h aus, so läßt sich die Integration vereinfachen: (Die gesuchte Fläche ist in Abbildung 4.2 grau unterlegt.)*

$$\frac{1}{2}A=\int_0^2 (h_1(x)-g(x))\,dx+\int_2^c (f(x)-g(x))\,dx=\frac{544}{45}-\frac{8}{c}.$$

d) Es gilt: $\lim\limits_{c\to\infty} A(c)=\frac{1088}{45}$.

Sie haben hier gezeigt, daß eine Fläche, die zunächst an einer Seite nicht begrenzt erscheint, trotzdem eine endliche Flächenmaßzahl besitzt.

e) *Die Behandlung von Extremwertaufgaben finden Sie ab Seite 18 in diesem Band.*

Als Zielfunktion erhält man:

$$U(u)=\frac{1}{6}u^4-\frac{7}{3}u^2+4u+\frac{32}{3}.$$

An der Stelle $u_1=1$ liegt das Maximum der Funktion. Für den Umfang erhält man 12,5 Längeneinheiten.

Die folgende Aufgabe beschäftigt sich mit einer Schar gebrochenrationaler Funktionen. Im Aufgabenteil d) wird von Ihnen wieder die Beschäftigung mit einer vorher nicht behandelten mathematischen Aussage verlangt (vgl. Hinweise zu Beispiel 2). Vom Schwierigkeitsgrad her könnte diese Aufgabe in einem Grund- wie auch in einem Leistungskurs gestellt werden.

Beispiel 3: Gegeben sei eine Funktionenschar:

$$f_a\colon\ x\to f_a(x)=1+\frac{3}{x^2+a},\quad x\in\mathbb{D}_{f_a}\quad \text{und}\quad a\neq -x^2.$$

a) Führen Sie für diese Funktionenschar eine Kurvendiskussion durch unter Bearbeitung der folgenden Punkte:
maximaler Definitionsbereich, Schnittpunkte mit den Achsen, Symmetrie, Pole und Lücken, Asymptoten, Hoch- und Tiefpunkte, Wendepunkte.
Zeichnen Sie die Graphen von f_a für $a=1$ und $a=-1$.

b) Berechnen Sie für $a>0$ die Flächenmaßzahl der Fläche zwischen dem Graphen von f_a und der Asymptote.

c) Für welches $a>0$ stehen die Wendetangenten senkrecht aufeinander?

d) Es gilt: $f_a''(x)=\frac{u(x)}{v(x)}$, wobei $u(x)$ und $v(x)$ Polynome sind. x_0 sei Nullstelle von $f_a''(x)$. Zeigen Sie:
Wenn $u'(x_0)\neq 0$ gilt, dann ist x_0 Wendestelle von f_a.

Die Lösung dieser Aufgabe verlangt von Ihnen Kenntnisse in der Durchführung einer Kurvendiskussion einer Funktionenschar (s.S. 9ff., 3. Band) im Teil a), im Teil b) die Fähigkeit, ein uneigentliches Integral zu berechnen (dieses wurde in der Beispielaufgabe 2 dieses Kapitels definiert), den Umgang mit dem Begriff der Steigung von Funktionsgraphen im Teil c) (s.S. 33ff., 2. Band) und die Anwendung Ihrer Kenntnisse über hinreichende Bedingungen zur Berechnung von Wendestellen auf ein neues Problem im Teil d) (s.S. 68, 2. Band).

Lösung:

a) 1) Definitionsbereich: $\mathbb{D}=\mathbb{R}$ für $a>0$ und $\mathbb{D}=\mathbb{R}\setminus\{\pm\sqrt{-a}\}$ für $a<0$.

2) Schnittpunkte mit den Achsen:

$$1+\frac{3}{x_N^2+a}=0 \Leftrightarrow x_N=\sqrt{-3-a}\vee x_N=-\sqrt{-3-a}.$$

Als Schnittpunkte mit der x-Achse ergeben sich also:
(0/0) für $a=-3$; $(-\sqrt{-3-a}/0)$ und $(\sqrt{-3-a}/0)$ für $a<-3$.

Für $a > -3$ kein Schnittpunkt.

Schnittpunkt mit der f(x)-Achse ist $\left(0 \middle/ 1+\frac{3}{a}\right)$.

3) f_a ist symmetrisch zur f(x)-Achse (vgl. S. 79f., 1. Band).

4) Für $a>0$ hat f_a weder Pole noch Lücken.
Für $a<0$ liegen an den Stellen $x_P=\sqrt{-a}$ und $x_P=-\sqrt{-a}$ Polstellen mit Vorzeichenwechsel vor.

5) Asymptotenfunktion: g mit $g(x)=1$.

6) Extremstellenuntersuchung:

$$f_a'(x)=\frac{-6x}{(x^2+a)^2}; \quad f_a''(x)=\frac{18x^2-6a}{(x^2+a)^3}.$$

Hochpunkt ist $\left(0 \middle/ 1+\frac{3}{a}\right)$ für alle $a \neq 0$.

7) Wendestellenuntersuchung:
$f_a''(x)$ s. oben; $f_a'''(x)=\frac{-72x^3+72ax}{(x^2+a)^4}$.
Für $a<0$ erhält man keine Wendestellen;
für $a>0$ ergeben sich als Wendepunkte W_1 und W_2:

$$W_1\left(-\sqrt{\frac{a}{3}} \middle/ 1+\frac{9}{4a}\right) \quad \text{und} \quad W_2\left(+\sqrt{\frac{a}{3}} \middle/ 1+\frac{9}{4a}\right).$$

8) Graphen von f_1 und f_{-1}.

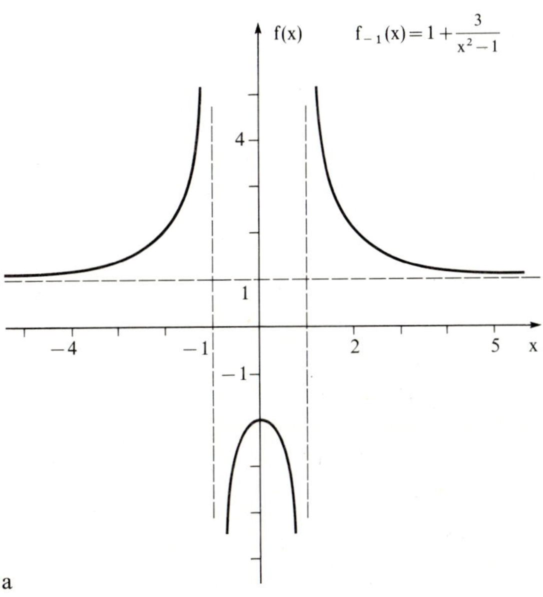

Abbildung 4.3a

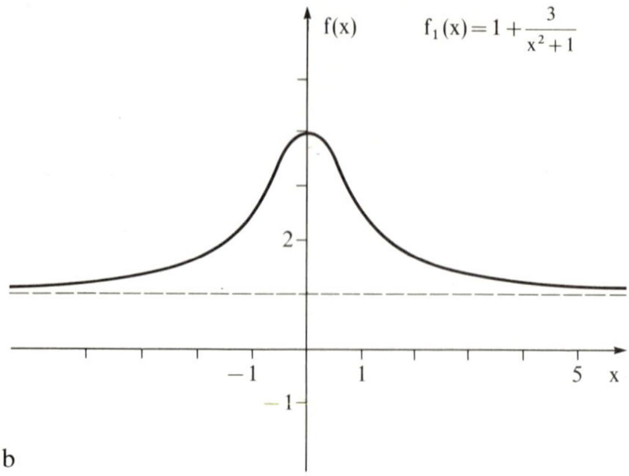

Abbildung 4.3b

b) $A = \lim_{c \to \infty} \int_{-c}^{c} \frac{3}{x^2+a}\, dx = 3 \cdot \lim_{c \to \infty} \frac{1}{a} \cdot \sqrt{a} \arctan(z) \Big]_{-\frac{c}{\sqrt{a}}}^{\frac{c}{\sqrt{a}}}$

(mit der Substitution: $x = h(z) = z \cdot \sqrt{a}$).

Man erhält dann: $\frac{3}{\sqrt{a}} \cdot 2 \cdot \lim_{c \to \infty} \arctan \frac{c}{\sqrt{a}} = \frac{6}{\sqrt{a}} \cdot \frac{\pi}{2} = \frac{3 \cdot \pi}{\sqrt{a}}$.

c) Aus dem Ansatz $f'\left(-\sqrt{\frac{a}{3}}\right) \cdot f'\left(\sqrt{\frac{a}{3}}\right) = -1$ erhält man $a = \frac{1}{4} \cdot \sqrt[3]{243} \approx 1{,}56$.

d) Die hinreichende Bedingung für Wendestellen besagt, daß an der Stelle x_0 eine Wendestelle vorliegt, wenn $f''(x_0) = 0$ und $f'''(x_0) \neq 0$ gilt.
Die Voraussetzung der zu beweisenden Aussage beinhaltet die erste Bedingung $f''(x_0) = 0$, also ist nur noch die zweite Bedingung nachzuweisen.

$$f'''(x_0) = \frac{u'(x_0) \cdot v(x_0) - u(x_0) \cdot v'(x_0)}{(v(x_0))^2}$$

$$= \frac{u'(x_0) \cdot v(x_0)}{(v(x_0))^2} \quad (\text{da } u(x_0) = 0)$$

$$= \frac{u'(x_0)}{v(x_0)} \neq 0 \Leftrightarrow u'(x_0) \neq 0 \quad (\text{da } v(x_0) \neq 0).$$

In der nächsten Aufgabe wird als Beispielfunktion eine Wurzelfunktion behandelt. Diese Aufgabe eignet sich für einen Leistungskurs als Abituraufgabe, insbesondere auch wegen der nicht ganz einfachen Bestimmung des Definitionsbereiches. Sie kann auch in einem Grundkurs gestellt werden, wenn der Funktionstyp dort behandelt wurde.

Beispiel 4: Die Funktion f sei definiert durch den Term $f(x) = \sqrt{1 + 2\cos x}$.

a) Führen Sie für diese Funktion die folgenden Punkte einer Kurvendiskussion durch: Bestimmung des maximalen Definitionsbereiches, Untersuchung auf Symmetrie, Nullstellen und Extrema und zeichnen Sie den Graphen von f.

b) Der Graph von f, die x-Achse, die f(x)-Achse und die Gerade mit der Gleichung $x=0{,}5\cdot\pi$ umschließen eine Fläche, die um die x-Achse rotiere. Berechnen Sie die Maßzahl des Volumens des entstehenden Rotationskörpers.

c) f soll an der Stelle $x_0=0{,}5\cdot\pi$ durch die Tangente approximiert werden. Geben Sie die Tangentengleichung an.

Hinweise zur Kurvendiskussion finden Sie im Kapitel 3 im 2. Band. Die Berechnung von Volumina von Rotationskörpern wurde in diesem Band im Kapitel 3 erläutert. Approximationen von Funktionen durch Tangenten wurden im Kapitel über die Einführung in die Differenzierbarkeit einer Funktion behandelt.

Falls Sie sich in Ihrem Unterricht mit der Taylorentwicklung beschäftigt haben, so können Sie sich diese Aufgabe – dann allerdings auf Leistungskursniveau – folgendermaßen weitergeführt denken: Mit Hilfe des Restgliedes läßt sich ein Intervall um x_0 angeben, in dem der Fehler kleiner als eine vorgegebene reelle Zahl wird. Die Weiterführung der Aufgabe in dieser Richtung würde den Rahmen dieses Buches sprengen.

Lösung:

a) 1) Definitionsbereich: $1+2\cos x\geq 0 \Leftrightarrow \cos x\geq -0{,}5$,

also: $\mathbb{D}_f=\mathbb{R}\setminus\bigcup_{k\in\mathbb{Z}}\left](2k+1)\cdot\pi-\frac{\pi}{3};\,(2k+1)\cdot\pi+\frac{\pi}{3}\right[$.

2) f ist symmetrisch zur f(x)-Achse (da $\cos x=\cos(-x)$ und der Definitionsbereich symmetrisch ist).

3) $f(x)=0 \Leftrightarrow \cos x=-0{,}5$

$$\Leftrightarrow x=(2k+1)\cdot\pi-\frac{\pi}{3} \vee x=(2k+1)\cdot\pi+\frac{\pi}{3} \quad (k\in\mathbb{Z}).$$

4) Extremstellenuntersuchung:

$$f'(x)=\frac{-\sin x}{\sqrt{1+2\cos x}},\quad f''(x)=-\frac{\cos^2 x+\cos x+1}{(1+2\cos x)^{1,5}}.$$

Lokale Maxima sind alle Punkte $P(2k\pi/\sqrt{3})$, $k\in\mathbb{Z}$.

Da $f(x)\geqq 0$ für alle $x\in\mathbb{D}_f$, liegen an allen Nullstellen absolute Minima vor.

5) Graph von f:

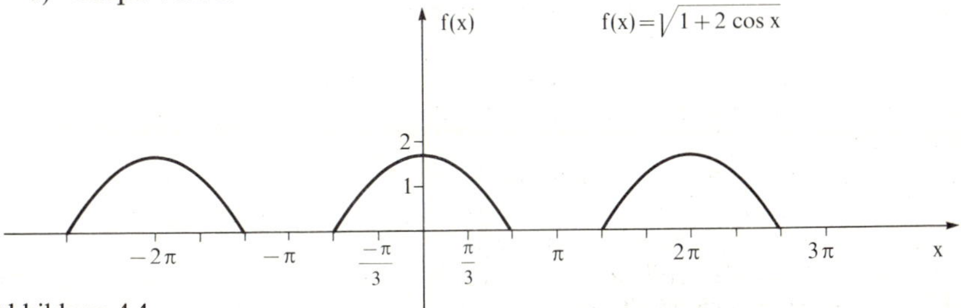

Abbildung 4.4

b) Für das Volumen V des Rotationskörpers ergibt sich:

$$V=\pi\cdot\int_0^{0,5\pi}(1+2\cos x)\,dx=\pi\left(\frac{\pi}{2}+2\right)\approx 11{,}22.$$

d) Als Tangentengleichung erhält man:

$$t_{0,5\pi}(x)=f(0{,}5\pi)+(x-0{,}5\pi)\cdot f'(0{,}5\pi)=-x+1+0{,}5\pi.$$

Die nächste Beispielaufgabe beschäftigt sich mit einer Funktionenschar von Exponentialfunktionen:

Beispiel 5: Gegeben ist eine Schar von Funktionen f_a durch

$$f_a\colon\ x\to f_a(x)=(x-a)\cdot e^{2-\frac{x}{a}}\quad (a\in\mathbb{R}^+).$$

a) Untersuchen Sie die Funktion auf maximalen Definitionsbereich, Stetigkeit und Differenzierbarkeit.

b) Bestimmen Sie die Schnittpunkte mit den Achsen, Extrempunkte und Wendepunkte des Graphen in Abhängigkeit von a.

c) Zeichnen Sie f_1 und f_3 in ein geeignetes Koordinatensystem.

d) Zeigen Sie: Alle Extrema der Funktionen f_a liegen auf einer Geraden, und geben Sie die Geradengleichung an.

e) Zeigen Sie: Alle Funktionsgraphen f_a bilden mit der x-Achse denselben Winkel.

f) Zeigen Sie für $a=1$:
   (f1) Der positive Teil der x-Achse ist Asymptote von f_1.
   (f2) Die Fläche zwischen Graph und x-Achse rechts von der Nullstelle hat eine endliche Flächenmaßzahl. Berechnen Sie diese.

Hinweise: (a) $\lim\limits_{z\to\infty}(z\cdot e^{-z})=0$

(b) $\int_a^b e^{2-x}\,dx=(-e^{2-x})\big]_a^b$

(Nachweis durch Substitution)

$\int_a^b x\cdot e^{2-x}\,dx=(-x\cdot e^{2-x}-e^{2-x})\big]_a^b$

(Nachweis durch partielle Integration).

In dieser Aufgabe ist die Diskussion einer Kurvenschar gefordert, diesmal für eine Exponentialfunktion (s. dazu Kapitel 3 im 2. Band und Kapitel 1 in diesem Band).
In den Teilen d) und e) werden Nachweise von Eigenschaften der gesamten Kurvenschar verlangt, und zwar im Teil d) der Nachweis einer Ortslinieneigenschaft (s. dazu Aufgabe 1 im Kapitel 1 dieses Bandes).
Zur Bearbeitung des Teils e) müssen Sie sich an die geometrische Interpretation der Differenzierbarkeit erinnern (s.S. 36, 2. Band).

Im Teil f) ist die Beschäftigung mit einem uneigentlichen Integral gefordert (s. Hinweise im Beispiel 2 dieses Kapitels).

Falls in Grundkursen Exponentialfunktionen behandelt wurden, so sind die Aufgabenteile a) bis c) und auch e) auf jeden Fall auch von einem Teilnehmer eines Grundkurses zu bearbeiten.

Lösung:

a) f_a ist als Verkettung einer ganzrationalen Funktion und einer Exponentialfunktion über ihrem gesamten Definitionsbereich $\mathbb{D}_f = \mathbb{R}$ stetig und differenzierbar.

b) $f_a'(x) = \left(2 - \frac{x}{a}\right) \cdot e^{2-\frac{x}{a}}$; $f_a''(x) = \left(\frac{x}{a^2} - \frac{3}{a}\right) e^{2-\frac{x}{a}}$; $f_a'''(x) = \left(\frac{4}{a^2} - \frac{x}{a^3}\right) \cdot e^{2-\frac{x}{a}}$

Schnittpunkte mit den Achsen: $(a/0)$ und $(0/-a \cdot e^2)$;

Hochpunkte $(2a/a)$ und Wendepunkte $\left(3a \middle/ \frac{2a}{e}\right)$.

c) Graphen von f_1 und f_3:

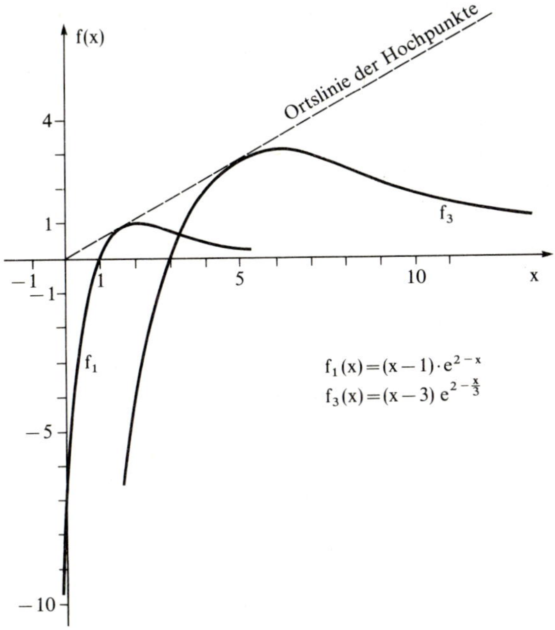

Abbildung 4.5

d) Extrempunkte sind alle Punkte mit den Koordinaten $(2a/a)$, also liegen alle auf einer Geraden mit der Gleichung $h(x) = 0{,}5x$.

e) Nullstellen liegen für jedes a bei $x_0 = a$. Da $f'(a) = e$ für alle $a \in \mathbb{R}^+ \Rightarrow$ alle Winkel sind gleich groß.

f) (1) Es gilt: $\lim\limits_{x\to\infty} f_1(x) = \lim\limits_{x\to\infty} (x-1)\cdot e^{2-x}$

$$= -\lim_{x\to\infty} e^{2-x} + \lim_{x\to\infty} (x\cdot e^{2-x})$$

$$= -e^2\cdot \lim_{x\to\infty} e^{-x} + e^2\cdot \lim_{x\to\infty} (x\cdot e^{-x}) = 0.$$

(2) Für die gesuchte Fläche ergibt sich:

$$A = \left|\lim_{k\to\infty} \int_1^k (x-1)\cdot e^{2-x}\,dx\right| \quad \text{mit } k \geqq 1.$$

Die partielle Integration mit $u(x) = x-1$ und $v'(x) = e^{2-x}$ mit anschließender Substitution $z = 2-x$ führt zu der Lösung:

$$A = \left|\lim_{k\to\infty} (-k\cdot e^{2-k} + e)\right| = \left|e - e^2\cdot \lim_{k\to\infty} (k\cdot e^{-k})\right| = e.$$

Lösungen

1. Kapitel

Aufgabe 1:

a) Der Graph wird für $x = -0{,}5a$ „unendlich steil". Die Tangente verläuft parallel zur Funktionswertachse.

b) Koordinaten der Hochpunkte in Abhängigkeit von a:

$$\left(-\frac{2}{5}\cdot a \middle/ \frac{4}{25}a^2\sqrt{\frac{a}{5}}\right).$$

Die Funktion, die die Zuordnung des x-Wertes des Hochpunktes x_H zum Funktionswert $g(x_H)$ angibt, lautet:

$$g\colon\ x_H \to \frac{4}{25}\left(-x_H\cdot\frac{5}{2}\right)^2\cdot\sqrt{-\frac{x_H\cdot 5}{5\cdot 2}} = (-x_H)^2\cdot\sqrt{-\frac{x_H}{2}}$$

$\left(\text{da} -\frac{2}{5}\cdot a = x_H \Rightarrow a = -\frac{5}{2}\cdot x_H\right).$

Die Ortslinie wird also beschrieben durch die Funktion:

$$g(x_H) = \frac{(-x_H)^{2,5}}{\sqrt{2}} = \sqrt{\frac{-x_H^5}{2}},\ \mathbb{D}_g = \mathbb{R}^{<0}$$

Aufgabe 2:

a) 1) Schnittpunkt mit der f(x)-Achse ist (0/0).

2) $f_a(x) = 0 \Leftrightarrow ax^2 - x^3 = 0 \Leftrightarrow x = 0 \vee x = a$

$\Rightarrow$ Schnittpunkte mit der x-Achse sind (0/0) und (a/0).

b) $f_a'(x) = 2ax - 3x^2;\ f_a''(x) = 2a - 6x;\ f_a'''(x) = -6$

$f_a''(x) = 0 \Leftrightarrow x = \frac{1}{3}a;\ f_a'''\left(\frac{1}{3}a\right) = -6 \neq 0.$

An der Stelle $x = \frac{1}{3}a$ liegt also ein Wendepunkt mit $\left(\frac{1}{3}a \middle/ \frac{2}{27}a^3\right)$.

c) Benutzt man für die Tangente die Formel (s. Def. 3.5, Band II):

$t_W\colon\ x \to f'(x_W)\,x + f(x_W) - f'(x_W)\,x_W$, so erhält man:

$$t_W(x) = \frac{1}{3}a^2 x - \frac{1}{27}a^3.$$

Aus der Bedingung der Aufgabenstellung $t_W(0) = 0$ ergibt sich: $a = 0$.
Da $a \in \mathbb{R}^+ \Rightarrow$ es gibt kein a mit der geforderten Bedingung.

Aufgabe 3:

a) $f'(x) = 2\cdot e^x\cdot(e^x - 2k);\ f''(x) = 4\cdot e^x\cdot(e^x - k);\ f'''(x) = 4\cdot e^x\cdot(2e^x - k)$

Kurvendiskussion: $\mathbb{D}_f = \mathbb{R}$; f_k ist differenzierbar über $\mathbb{D}_f$.

Schnittpunkte mit den Achsen: $f_k(0) = (1-2k)^2$

$$f_k(x) = 0 \Leftrightarrow e^x = 2k \Leftrightarrow x = \ln 2k \wedge k > 0;$$

f hat keine Symmetrieeigenschaft;

f hat einen Tiefpunkt in $(\ln 2k/0)$ falls $k>0$;
f hat einen Wendepunkte in $(\ln k/k^2)$ für $k>0$.

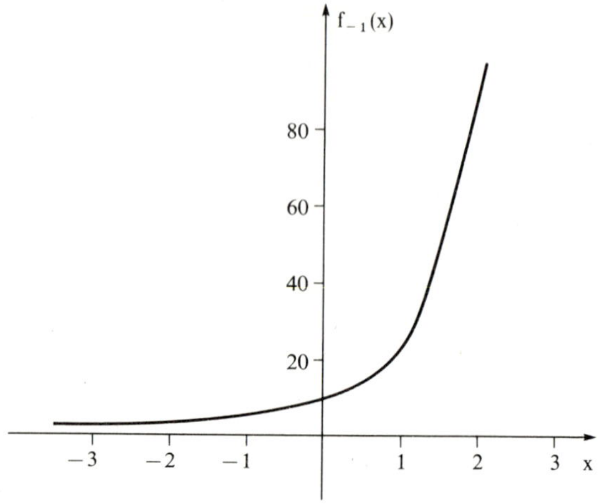

b) $\ln k=0 \Leftrightarrow k=1$.

c) Eine Umkehrfunktion existiert nur für die Funktionen f_k, für die $k<0$ gilt, da f_k für $k>0$ sowohl monoton steigend als auch fallend ist. Als Umkehrfunktion erhält man:

$$(e^y-2k)^2=x \Leftrightarrow e^y=\sqrt{x}+2k \quad (\text{da } x>0) \Leftrightarrow y=\ln(\sqrt{x}+2k).$$

Aufgabe 4:

a) $f(x)=ax^3+bx^2+cx+d;\ f'(x)=3ax^2+2bx+c;\ f''(x)=6ax+2b$

(1) $f(0)=0 \Rightarrow d=0$
(2) $f(2)=0 \Rightarrow 8a+4b+2c=0$
(3) $f''(2)=0 \Rightarrow 12a+2b=0$
(4) $f'(0)=c \wedge g'(0)=-1 \Rightarrow c\cdot(-1)=-1 \Leftrightarrow c=1$

Das Gleichungssystem reduziert sich also auf die beiden Gleichungen (2) und (3). Die Lösungsmengenbestimmung liefert:

$$a=\frac{1}{8} \quad \text{und} \quad b=-\frac{3}{4} \Rightarrow f(x)=\frac{1}{8}x^3-\frac{3}{4}x^2+x.$$

Falls also eine Funktion mit den angegebenen Bedingungen existiert, so hat sie den oben angegebenen Funktionsterm.

b) Die Kurvendiskussion ergibt, daß die oben angegebene Funktion f die Bedingungen der Aufgabenstellung erfüllt.

Aufgabe 5:

$f(x)=ax^4+bx^2+c$ (Symmetrie schon ausgenutzt)
$f'(x)=4ax^3+2bx;\ f''(x)=12ax^2+2b$

(1) $f(2)=2 \Rightarrow 16a+4b+c=2$
(2) $f'(2)=0 \Rightarrow 32a+4b=0 \Leftrightarrow b=-8a$
(3) $f''(1)=0 \Rightarrow 12a+2b=0 \Leftrightarrow b=-6a$

Die Gleichungen (2) und (3) können nur erfüllt werden, wenn $a=b=0$ gilt. Dann liegt aber keine ganzrationale Funktion 4. Grades mehr vor. Der Funktionsterm würde in diesem Fall lauten: $f(x)=2$, der Graph ist also eine Parallele zur x-Achse und hat weder Extrem- noch Wendepunkte.

Aufgabe 6:

a) $f'(x)=\frac{1-a}{(x-1)^2}$; $f'(2)=-3 \Rightarrow \frac{1-a}{(2-1)^2}=-3 \Leftrightarrow a=4.$

b) Für die Tangentengleichung gilt (s. Def. 3.5, Band II):
$t(x)=f'(-1)\cdot x+f(-1)-f'(-1)\cdot(-1)$ mit

$$f'(-1)=\frac{1-a}{4} \quad \text{und} \quad f(-1)=\frac{-a-1}{-2}=\frac{a+1}{2}.$$

Da $t(0)=0 \Rightarrow f(-1)-f'(-1)\cdot(-1)=0$. Einsetzen ergibt:

$$\frac{a+1}{2}+\frac{1-a}{4}=0 \Leftrightarrow a=-3.$$

c) Da keine notwendigen Bedingungen zur Aufstellung der Bestimmungsgleichung für a benutzt wurden, ist eine Probe in beiden Fällen nicht erforderlich.

Aufgabe 7:

$f(x)=ax^4+bx^2+c$ (Symmetrie schon ausgenutzt);
$f'(x)=4ax^3+2bx$; $f''(x)=12ax^2+2b$

Aussage im Text	Mathematisierung	Gleichung
Graph geht durch (1/0)	$f(1)=0$	$a+b+c=0$
(1/0) ist Wendepunkt	$f''(1)=0$	$12a+2b=0$
Wendetangenten stehen senkrecht	$f'(1)\cdot f'(-1)=-1$	$(4a+2b)\cdot(-4a-2b)=-1$

Das Gleichungssystem liefert die beiden Lösungen:

$$f_1(x)=\frac{1}{8}x^4-\frac{3}{4}x^2+\frac{5}{8} \quad \text{oder} \quad f_2(x)=-\frac{1}{8}x^4+\frac{3}{4}x^2-\frac{5}{8}.$$

Die Durchführung der Kurvendiskussionen für f_1 und f_2 bestätigt, daß f_1 und f_2 tatsächlich die angegebenen Bedingungen erfüllen.

Aufgabe 8:

$$f'(x)=\frac{-2bx+2a}{(x-b)^3}; \quad f''(x)=\frac{4bx+2b^2-6a}{(x-b)^4}$$

$$f'(4)=0 \Rightarrow \frac{-8b+2a}{(4-b)^3}=0 \Leftrightarrow -8b+2a=0 \wedge b\neq 4 \qquad (1)$$

$$f''(5)=0 \Rightarrow \frac{20b+2b^2-6a}{(5-b)^4} \Leftrightarrow b^2+10b-3a=0 \wedge b\neq 5 \qquad (2)$$

Einsetzen von (1) in (2) ergibt: $b^2-2b=0 \Leftrightarrow b=0 \vee b=2 \Rightarrow f_1(x)=\frac{x^2-8}{(x-2)^2}$ oder $f_2(x)=\frac{x^2-0}{(x-0)^2}=1 \wedge x \neq 0$ können Lösungen sein.

Die Probe ergibt: Nur $f_1(x)$ ist eine Lösung des Problems.

Aufgabe 9:

$f(x)=ax^4+bx^3+cx^2+dx+e$	$g(x)=\cos x;$	$g(0)=1$
$f'(x)=4ax^3+3bx^2+2cx+d$	$g'(x)=-\sin x;$	$g'(0)=0$
$f''(x)=12ax^2+6bx+2c$	$g''(x)=-\cos x;$	$g''(0)=-1$
$f'''(x)=24ax+6b$	$g'''(x)=\sin x;$	$g'''(0)=0$
$f^{IV}(x)=24a$	$g^{IV}(x)=\cos x;$	$g^{IV}(0)=1$

Man erhält als Gleichungssystem:

$$e=1;\quad d=0;\quad 2c=-1;\quad b=0;\quad 24a=1.$$

Also erfüllt die Funktion $f(x)=\frac{1}{24}x^4-\frac{1}{2}x^2+1$ die Bedingungen der Aufgabe.

Eine Probe ist hier nicht erforderlich, weil keine notwendigen Bedingungen zur Aufstellung des Gleichungssystems benutzt wurden.

Aufgabe 10:

$$\begin{aligned} f'(\bar{m}) &= 2\bar{m}-2m_1+2\bar{m}-2m_2+\ldots+2\bar{m}-2m_n \\ &= n\cdot 2\bar{m}-2\cdot(m_1+m_2+\ldots m_n) \\ f''(\bar{m}) &= 2n>0 \\ f'(\bar{m})=0 &\Leftrightarrow n\cdot 2\bar{m}-2(m_1+\ldots m_n)=0 \\ &\Leftrightarrow \bar{m}=\frac{m_1+m_2+\ldots m_n}{n} \end{aligned}$$

Die Funktion $f(\bar{m})$ hat also ein Minimum für $\bar{m}=\frac{m_1+m_2+\ldots+m_n}{n}$, d.h. die Summe der Fehlerquadrate wird für das arithmetische Mittel (auch einfach Mittelwert genannt) minimal.

Aufgabe 11:

1)

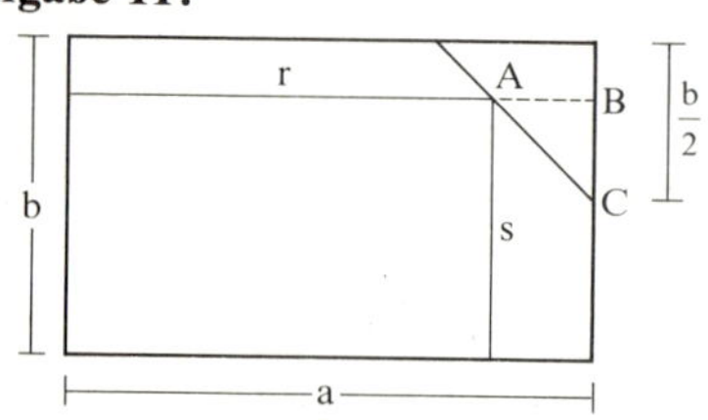

2) Extremalbedingung: Der Flächeninhalt A des Rechtecks mit den Seiten r und s soll maximal werden:

$$A_{\square}=r\cdot s.$$

a) *1. Fall: Es sei $a=6$ cm und $b=2$ cm.*

Nebenbedingung: Das Dreieck ABC ist rechtwinklig und gleichschenklig mit $|\overline{AB}|=|\overline{BC}|$.
Da $|\overline{AB}|=a-r$ und $s=0{,}5\cdot b+|\overline{BC}|$ gilt (mit $a=6$ und $b=2$): $6-r=s-1 \Leftrightarrow s=7-r$.

Man erhält dann als Zielfunktion:

$$A_1(r)=r(7-r) \quad \text{mit } \mathbb{D}_{A_1}=[5;6].$$

Extremstellenuntersuchung der Zielfunktion:

$$A_1'(r)=7-2r; \quad A_1''(r)=-2<0.$$

$$A_1'(r)=0 \Leftrightarrow r=3{,}5; \quad \text{aber } 3{,}5 \notin \mathbb{D}_{A_1}.$$

Randstellenuntersuchung: $A_1(5)=5\cdot(7-5)=10$ und $A_1(6)=6$.

Im Falle $a=6$ cm und $b=2$ cm erhält man also ein Maximum der Zielfunktion an einer Randstelle des Definitionsbereiches, und zwar für $r=5$ cm und $s=2$ cm. Der maximale Flächeninhalt beträgt dann 10 cm^2.

2. Fall: Es sei $a=6$ cm und $b=5$ cm.

Nebenbedingung: (Herleitung analog zu oben) $s=8{,}5-r$.
Zielfunktion: $A_2(r)=r\cdot(8{,}5-r)$ mit $\mathbb{D}_A=[3{,}5;6]$.
Extremstellenuntersuchung: $A_2'(r)=0 \Leftrightarrow r=4{,}25$; $A_2''(4{,}25)<0$ mit $A_2(4{,}25)=18{,}0625$.
Randstellenuntersuchung: $A_2(3{,}5)=17{,}5$ und $A_2(6)=15$.
Da die Funktionswerte der Zielfunktion von den Randstellen kleiner sind als an der Stelle 4,25, liegt also bei $r=4{,}25$ das absolute Maximum über dem angegebenen Definitionsbereich $\mathbb{D}_{A_2}$ vor. Die zweite Rechteckseite s beträgt in diesem Fall $s=4{,}25$ cm.

b) *Allgemeine Lösung:*

Extremalbedingung: $A_{\square}=r\cdot s$.
Nebenbedingung: $|\overline{AB}|=a-r$; $|\overline{BC}|=s-0.5\cdot b$
mit $|\overline{AB}|=|\overline{BC}| \Rightarrow s=a+0{,}5b-r$.
Zielfunktion: $A(r)=-r^2+r(a+0{,}5b)$ mit $\mathbb{D}_A=[a-0{,}5\cdot b;a]$.

Extremstellenuntersuchung der Zielfunktion:

$A'(r)=-2r+a+0{,}5b$; $A''(r)=-2<0$;

$A'(r)=0 \Leftrightarrow r=0{,}5\cdot(a+0{,}5\cdot b)$;

$0{,}5\cdot(a+0{,}5b)$ liegt aber nur für $0{,}5b \le a \le 1{,}5b$ im Definitionsbereich der Zielfunktion. Daraus sind die unterschiedlichen Lösungen in den Fällen (1) und (2) im Aufgabenteil (a) zu erklären.

Randstellenuntersuchung:

$$A\left(a-\frac{b}{2}\right)=ab-\frac{b^2}{2}; \quad A(a)=\frac{a\cdot b}{2}; \quad A\left(\frac{1}{2}\cdot\left(a+\frac{b}{2}\right)\right)=\frac{1}{4}\cdot\left(a^2+ab+\frac{b^2}{4}\right).$$

Für $a>1{,}5b$ existiert also ein Randmaximum an der Stelle $r=a-0{,}5\cdot b$.
Für $0{,}5b \le a \le 1{,}5b$ liegt ein absolutes Maximum an der Stelle $r=0{,}5\cdot(a+0{,}5b)$.

Aufgabe 12:

$A'(x)=-2x+8{,}5$; $A''(x)=-2<0$.
Es gilt: $A'(x)=0 \Leftrightarrow x=4{,}25$.
Also liegt an der Stelle $x_0=4{,}25$ ein lokaler Hochpunkt der Zielfunktion. Die Randstellenuntersuchung liefert die gleichen Ergebnisse wie in der Aufgabe 11a, 2. Fall.

Aufgabe 13:

a) Die Seiten des einbeschriebenen Rechtecks seien mit a und b bezeichnet.

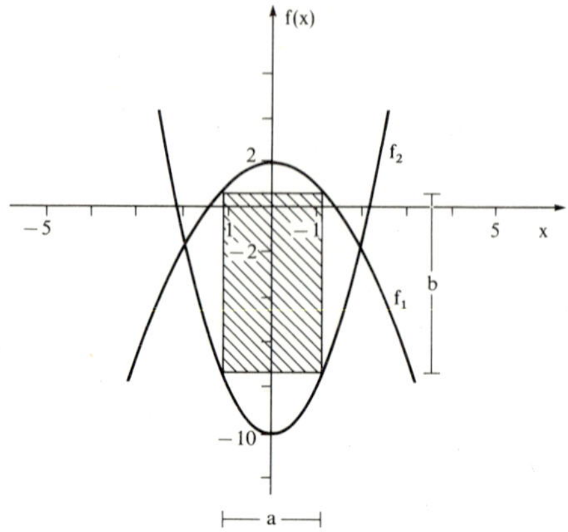

b) Extremalbedingung: $A_{\square} = a \cdot b$.

Nebenbedingung: $b = f_1\left(\frac{a}{2}\right) - f_2\left(\frac{a}{2}\right) = -\frac{3}{4} \cdot a^2 + 12$.

Zielfunktion: $A(a) = -\frac{3}{4} a^3 + 12a$ mit $\mathbb{D}_A = [0; 4]$

(da sich beide Graphen an den Stellen −2 und 2 schneiden).

Extremstellenuntersuchung der Zielfunktion:

$A'(a) = -\frac{9}{4} a^2 + 12$; $A''(a) = -\frac{9}{2} a$;

$A'(a) = 0 \Leftrightarrow a = \frac{4}{3} \cdot \sqrt{3} \vee a = -\frac{4}{3} \cdot \sqrt{3}$.

Da $A''\left(\frac{4}{3} \cdot \sqrt{3}\right) = -\frac{9 \cdot 4}{2 \cdot 3} \cdot \sqrt{3} < 0$, liegt an der Stelle $a = \frac{4}{3} \cdot \sqrt{3}$ ein lokales Maximum der Zielfunktion.

Randstellenuntersuchung: $A(0) = 0$ und $A(4) = 0$.

$\Rightarrow$ Das lokale Maximum von A(a) ist auch absolutes Maximum der Zielfunktion. Die zweite Rechteckseite hat dann die Länge 8 cm und der Flächeninhalt beträgt 18,48 cm^2.

Aufgabe 14:

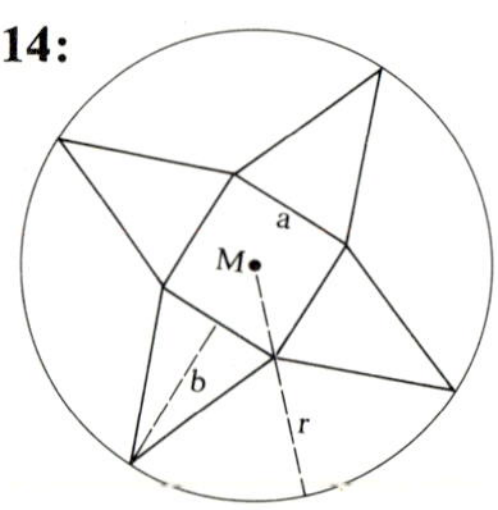

Bezeichnungen der Skizze:

a … Grundkante der Pyramide;
b … Höhe der Seitenfläche;
r … Kreisradius;
M … Mittelpunkt des Kreises.

Extremalbedingung: Volumen der Pyramide $V_{Pyr}=\frac{1}{3}G\cdot h=\frac{1}{3}a^2\cdot h$ (G: Grundfläche der Pyramide, h Raumhöhe).

Nebenbedingung: (1) $\frac{a}{2}+b=10 \Leftrightarrow b=10-\frac{a}{2}$.

(2) Für die Raumhöhe h der Pramide erhält man: (Anwendung des Satzes von Pythagoras):

$$h=\sqrt{b^2-\frac{a^2}{4}}$$

$$\Rightarrow h=\sqrt{\left(10-\frac{a}{2}\right)^2-\frac{a^2}{4}}=\sqrt{100-10a}.$$

Zielfunktion: $V_{Pyr.}=\frac{1}{3}a^2\cdot\sqrt{100-10a}$ mit $\mathbb{D}_V=[0;10]$ und $a+2b<20$.

Extremstellenuntersuchung (unter Anwendung des Satzes 1.1):

$$V^2(a)=\frac{1}{9}a^4(100-10a) \Rightarrow [V^2(a)]'=\frac{400}{9}a^3-\frac{50}{9}a^4$$

und

$$[V^2(a)]''=\frac{400}{3}a^2-\frac{200}{9}a^3.$$

Es gilt: $[V^2(a)]'=0 \Leftrightarrow a=0 \vee a=8$;
$[V^2(8)]''=-2844{,}4<0$ und $[V^2(0)]''=0$.

Also hat die Funktion V(a) an der Stelle $a=8$ ein lokales Maximum.
Randstellenuntersuchung: $V(0)=0$; $V(8)\approx 95{,}41$; $V(10)=0$.
Das Volumen der Pyramide wird also maximal, wenn die Länge der Grundkante 8 cm wird.

2. Kapitel

Aufgabe 1:

a) $F(x)=\frac{x^7}{7}$

b) $F(x)=\frac{x^5}{10}+\frac{x^3}{3}$

c) $F(x)=-2\cdot\cos x$

d) $F(x)=x-\frac{2}{3}(\sqrt{x})^3$

Aufgabe 2:

a) Es ist $f\geqq 0$, $I_1(x)=2\sqrt{x}-2$.

b) Es ist $f\geqq 0$ für $x\geqq 2$; $I_2(x)=\frac{x^4}{4}-2x^3+\frac{9}{2}x^2-6$.

c) Es ist $f>0$, $I_1(x)=-\frac{1}{x}-\left(-\frac{1}{1}\right)=1-\frac{1}{x}$.

d) Es ist $f>0$, $I_3(x)=\frac{x^3}{3}-x^2+6x-18$.

Aufgabe 3:

a) $\int_{-2}^{4} (x^2-9)\,dx = \left(\frac{x^3}{3}-9x\right)\Big]_{-2}^{4} = \left(\frac{64}{3}-36\right)-\left(-\frac{8}{3}+18\right) = \underline{\underline{-30}}.$

Zur Bestimmung von $A_{-2}(4)$ benötigen wir die Nullstellen von $f(x)=x^2-9$; diese sind -3 und 3.
Es ist dann (vgl. Abb.).

$$A_{-2}(4) = \left|\frac{x^3}{3}-9x\Big]_{-2}^{3}\right| + \left|\frac{x^3}{3}-9x\Big]_{3}^{4}\right| = \frac{110}{3} = 36\frac{2}{3}.$$

b) $\int_{-1}^{1} (x^4-x^2)\,dx = \frac{x^5}{5}-\frac{x^3}{3}\Big]_{-1}^{+1} = \underline{\underline{-\frac{4}{15}}}.$

Zur Bestimmung von $I_{-1}(1)$ benötigen wir die Nullstellen von $f(x)=x^4-x^2$. Diese sind: -1; 0; 1. Es ist $f(x)\leqq 0$ auf dem Intervall $[-1, 1]$ (vgl. Abb.). Es ist dann

$$I_{-1}(1) = \left|\int_{-1}^{1} (x^4-x^2)\,dx\right| = \underline{\underline{\frac{4}{15}}}.$$

c) $\int_{0}^{2} (1-\sqrt{x})\,dx = \left(x-\frac{2}{3}\sqrt{x^3}\right)\Big]_{0}^{2} \approx 0{,}114.$

Zur Bestimmung von $I_0(2)$ benötigen wir die Nullstellen von $f(x)=1-\sqrt{x}$. Die einzige Nullstelle ist 1. Es ist dann (vgl. Abb.)

$$A_0(2) = \left|x-\frac{2}{3}\sqrt{x^3}\Big]_0^1\right| + \left|x-\frac{2}{3}\sqrt{x^3}\Big]_1^2\right| \approx 0{,}55.$$

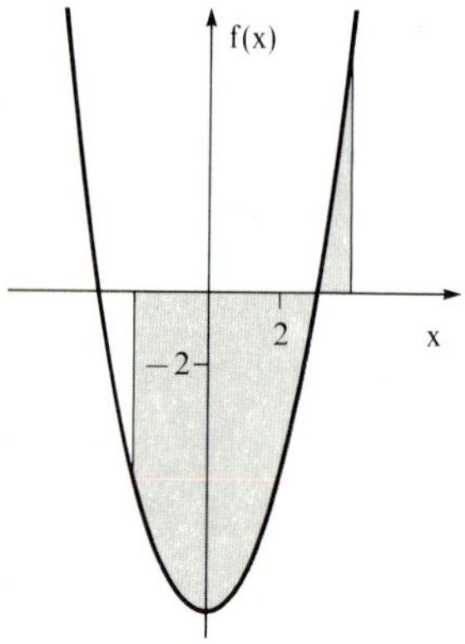

Graph zu Aufgabe 3 a)

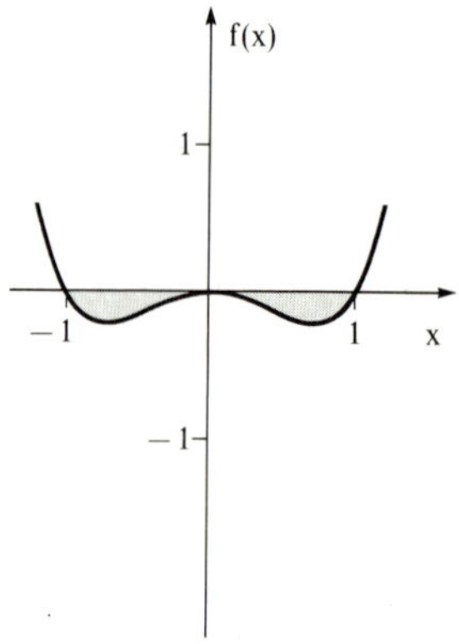

Graph zu Aufgabe 3 b)

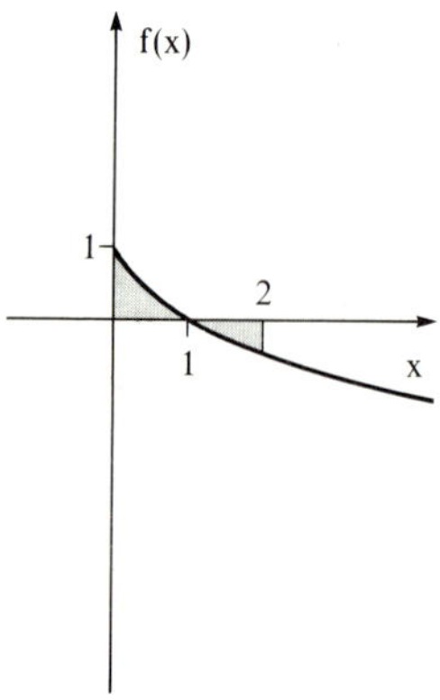

Graph zu Aufgabe 3 c)

Aufgabe 4:

a) $\int_a^3 \frac{x^3}{3}\,dx = 3 \Leftrightarrow \left.\frac{x^4}{12}\right]_a^3 = 3 \Leftrightarrow \frac{81}{12} - \frac{a^4}{12} = 3 \Leftrightarrow a^4 = 45$

$\Leftrightarrow a \approx \underline{\underline{2{,}59}}.$

b) $\int_{-1}^{b} (4x^3 - 8x)\,dx = 0 \Leftrightarrow x^4 - 4x^2\Big]_{-1}^{b} = 0 \Leftrightarrow$

$b^4 - 4b^2 - (1-4) = b^4 - 4b^2 + 3 = 0.$

Die Gleichung ist erfüllt für $b=1$ und $b=\sqrt{3}$.

Aufgabe 5:

a) Eine Stammfunktion von $f(x)=\frac{x^3}{3}$ ist $F(x)=\frac{x^4}{12}+c$.

F soll durch den Punkt $P(2|3)$ laufen bedeutet: $F(2)=3$. Daraus folgt $\frac{16}{12}+c=3$ und damit $c=\frac{20}{12}$.

b) $F(x)$ hat die Gleichung: $F(x)=x^4-4x^2+4$.

Aufgabe 6: Es sei F eine Stammfunktion von f. Dann gilt:

$$\int_a^b f + \int_b^c f = (F(b)-F(a)) + (F(c)-F(b)) = F(c) - F(a) = \int_a^c f.$$

Aufgabe 7:

$$\int_a^b \frac{1}{\sqrt{x}}\,dx = \int_a^b \frac{2}{2}\cdot\frac{1}{\sqrt{x}}\,dx = 2\int_a^b \frac{1}{2\cdot\sqrt{x}}\,dx = 2\cdot\sqrt{x}\Big]_a^b;$$

$$\int_a^b \frac{1}{x^2}\,dx = -\int_a^b -\frac{1}{x^2}\,dx = -\frac{1}{x}\Big]_a^b.$$

Aufgabe 8:

a) $47\frac{1}{3}$ b) $\frac{8}{9}$ c) 43,5 d) $12\frac{1}{3}$

Aufgabe 9:

$$\int_0^\pi \sin^2 x\,dx = (-\sin x\cdot\cos x)\Big]_0^\pi + \int_0^\pi \cos^2 x\,dx$$

$$= \quad O \quad + (\cos x\cdot\sin x)\Big]_0^\pi - \int_0^\pi -\sin x\cdot\sin x\,dx$$

$$= \quad O \quad + \quad O \quad + \int_0^\pi \sin^2 x\,dx.$$

Verzeichnis der benutzten Symbole

$\mathbb{N}$	Menge der natürlichen Zahlen
$\mathbb{N}_0$	Menge der natürlichen Zahlen mit 0
$\mathbb{Z}$	Menge der ganzen Zahlen
$\mathbb{R}$	Menge der reellen Zahlen
$\mathbb{R}^{\neq a}$	Menge der reellen Zahlen ohne die Zahl a
$\mathbb{R}^{>b}$	Menge der reellen Zahlen, die größer als b sind
$\mathbb{R}^{\leq c}$	Menge der reellen Zahlen, die kleiner oder gleich c sind
$\mathbb{R}^{+}$	Menge der positiven reellen Zahlen
$\mathbb{D}$	Definitionsbereich
$\mathbb{D}_f$	Definitionsbereich einer Funktion f
$\mathbb{W}$	Wertebereich
$\mathbb{W}_g$	Wertebereich einer Funktion g
$f\colon x \to f(x)$	f ordnet dem Element x das Element f(x) zu
$f', f'', \ldots$	erste, zweite, … Ableitungsfunktion von f
f^{-1}	Umkehrfunktion zu f
$\approx$	näherungsweise gleich
$\Rightarrow$	Implikation: wenn …, dann
$\Leftrightarrow$	Äquivalenz: genau dann …, wenn …
$\wedge$	und
$\vee$	oder
$[a; b]$	beidseitig abgeschlossenes Intervall $\{x \mid a \leqq x \leqq b\}$
$]a; b[$	beidseitig offenes Intervall $\{x \mid a < x < b\}$
$]a; b]$	linksseitig offenes Intervall $\{x \mid a < x \leqq b\}$
$[a; b[$	rechtsseitig offenes Intervall $\{x \mid a \leqq x < b\}$
	leere Menge (auch)
$U(x)$	Umgebung von x (offenes Intervall um x)
$U_\varepsilon(x)$	ε – Umgebung von $x\,(=]x-\varepsilon; x+\varepsilon[)$
$\cap$	Schnittmenge
$\cup$	Vereinigungsmenge
$\setminus$	Restmenge
$\subseteq$	Teilmenge (echt oder unecht)
$\subset$	echte Teilmenge
$\langle a_n \rangle$	Zahlenfolge
e	Eulersche Zahl
π	Kreiszahl

Register Analysis Band I–III

Die römischen Zahlen geben den Band an, die arabische Zahl die Seite, wo der betreffende Begriff behandelt wird.